Bengt Anders Euphrasn, Johann Georg Ludolf Blumhof

Herrn Bengt und Euphrasens Reise

nach der schwedisch-westindischen Insel St. Barthelemi und den Inseln St. Estache und St. Christoph, oder, Beschreibung der Sitten, Lebensart der Einwohner, Lage, Beschaffenheit und natrlichen Produkte dieser Inseln

Bengt Anders Euphrasn, Johann Georg Ludolf Blumhof

Herrn Bengt und Euphrasens Reise
nach der schwedisch-westindischen Insel St. Barthelemi und den Inseln St. Estache und St. Christoph, oder, Beschreibung der Sitten, Lebensart der Einwohner, Lage, Beschaffenheit und natrlichen Produkte dieser Inseln

ISBN/EAN: 9783743441309

Hergestellt in Europa, USA, Kanada, Australien, Japan

Cover: Foto ©Andreas Hilbeck / pixelio.de

Weitere Bücher finden Sie auf **www.hansebooks.com**

Herrn Bengt And. Euphraséns

Reise

nach der schwedisch-westindischen Insel

St. Barthelemi,

und den Inseln

St. Eustache und St. Christoph;

oder

Beschreibung der Sitten,
Lebensart der Einwohner, Lage, Beschaffenheit
und natürlichen Produkte dieser Inseln.

Aus dem Schwedischen

von

Joh. Georg Lud. Blumhof,
der chursächsischen öconomischen Societät zu Leipzig
und der physikalischen Gesellschaft zu Göttingen
Mitgliede.

Göttingen,

bey Johann Christian Dieterich.
1798.

Vorbericht des Uebersetzers.

Reisebeschreibungen wie die gegenwärtige, welche sich besonders über einem einzelnen Theil der Erde erstrecken, und die Naturgeschichte desselben genau und systematisch darstellen, sollten sie auch größtentheils nur ein wohlgeordnetes Verzeichniß von Thieren, Steinen und Pflanzen enthalten, welche der naturhistorische Reisende in jenem Erdtheile antraf, — sind doch immer von Nutzen, und ihre Uebertragung, besonders aus einer weniger bekannten Sprache, den Liebhabern der Naturwissenschaften angenehm. Wenn der Reisende mit den gehörigen Kenntnissen ausgerüstet, und für den Zweck seiner Reise lebhaft

lebhaft interessirt ist, dann lesen wir seine Bemerkungen, so wie er sie uns aus seinem Tagebuche liefert, besonders wenn sie die nähere Kenntniß unsers Erdballs betreffen, unendliche mal lieber, als die alltäglichen Nachrichten von hundert Reisebeschreibern, welche nie von ihrem Studirzimmer gekommen sind. Zudem nützen Reisebeschreibungen der Art wenig oder gar nichts, und sie haben oft auf das Gemüth eines denkenden Menschen eben die narkotische Wirkung, wie der größte Theil unserer deutschen Geister- und Ritterromane, womit uns noch auf jeder Messe ganze Schiffsladungen zu Kauf angeboten werden. —

Die vorliegenden Nachrichten von einer auf Befehl der Königl. Schwed. Akademie der Wissenschaften nach einigen minder bekannten westindischen Inseln unternommenen Reise, welche in der Aufschrift zu

Stock-

Stockholm 1795. unter folgendem Titel herauskamen: Beskrifning öfver Svenska vestindiska Ön St. Barthelemi, samt Öarne St. Eustaehe och St. Christopher, af *Bengt And. Euphrasén* in 8. dürften daher Freunden der Naturgeschichte nicht unwillkommen seyn. Ich habe sie daher übersetzt, und hin und wieder, so viel wie möglich war, zu berichtigen gesucht. Die deutschen Namen der Thiere, Steine und Pflanzen habe ich aus den beiden bekannten Werken: Neuer Schauplatz der Natur, nach den richtigsten Beobachtungen und Versuchen in alphabetischer Ordnung vorgestellt, durch eine Gesellschaft von Gelehrten. Leipzig 1775 — 1781. 10 Bände in gr. 8. und: des Ritters C. von Linne'e vollständiges Pflanzensystem nach der 13ten lateinischen Ausgabe und nach Anleitung des holländischen Houttuynischen Werks übersetzt ꝛc. Nürnb. 1776 — 1788. 15 Bände in gr. 8. — beygefügt.

In wie weit die von dem Prediger Dahlman herausgegebene Beskrifning öfver Ön St. Barthelemi, mit dieser vom Hrn. Euphrasén übereinstimme, kann ich nicht sagen, weil ich nicht Gelegenheit hatte, sie zu sehen. Doch wird sie vermuthlich andere Gegenstände zum Zweck haben. Auch hat Hr. Gjörwell, 1786. eine Charte von dieser Insel herausgegeben, welche sich auch bey meinem Exemplar von Hrn. Euphrasé'ns Reise befindet, und ziemlich genau zu seyn scheint. Göttingen den 16. Febr. 1798.

J. G. L. Blumhof.

Reise nach St. Barthelemi.

Nachdem ich von einem eben so großen Patrioten, als edelgesinnten Mitbürger, dem, jetzt durch den Tod allgemein vermißten Handelsmann Lars Kähre in Gothenburg, das Versprechen einer freyen Hin= und Heimreise mit eines von seinen Fahrzeugen, welches nach der schwedisch=westindischen Insel St. Barthelemi gehen sollte, erhalten hatte; so ereignete sich auch für mich noch der günstige Umstand, daß ich durch die Empfehlung des Hrn. Canzleyraths Baron Clas Alströmer an die Königl. Akademie der Wissenschaften, von dem Sahlgrenschen Stipendium, noch 300 Rthl. Spec. Reisegeld erhielt.

Hierauf reißte ich 1787 den 15. Novemb. von Gåsewadholm nach Gothenburg, um von da meine Reise weiter vorzunehmen; weil aber

aber gerade jetzt kein Schiff segelfertig war, so hielt ich mich hier noch einen Monat auf.

Den 15. Decemb. ging ich am Bord eines der Fahrzeuge des vorausgenannten Kaufmanns, nämlich der Brigge Antonetta, welche von dem Schiffer B. H. Knape geführt wurde, und gerade nach St. Barthelemi bestimmt war. Das Wetter war kalt mit Schneegestöber aus S.S.O. und das Treibeis war in der Götha-Elf schon ansehnlich.

Den 17. Decemb. legten wir aus auf Wingö-Sand, und den 18. um 10 Uhr Vormittags lichteten wir die Anker und stachen in die See, um 12 Uhr hatten wir Wingö-Feuerbake in N.O. nach O. und um 10 Uhr Nachmittags bekamen wir das Feuer von Skager in W. zu Gesichte, und hatten es um 12 Uhr Mitternachts in S.W. nach W. in einer Entfernung von etwa 3 deutschen Meilen. Der günstige östliche Wind continuirte.

Den 23. Decemb. des Abends wurde der Wind mehr N.O. und fing an heftiger zu blasen, welches immer zunahm, so daß wir um 12 Uhr Mitternachts einen vollkommnen Sturm

Sturm mit Schneegestöber hatten. Die Brigge fing an, zwischen den Wellen hin und her zu schwanken, und dieser Sturm war für uns um so gefährlicher, weil wir uns jetzt zwischen den gefährlichsten Klippen befanden, und den Canal suchen mußten. Bey denkenden Menschen kann es wohl nichts anders als Schrecken verursachen, wenn man sich so mit dem Dunkel der Nacht, Sturm und Schneegestöber, auf einem brausenden Meere umgeben sieht, welches auf dieser Höhe viele unter dem Wasser verborgene Mörder enthält, die schon manches Fahrzeug zertrümmert und mehrere hundert Menschen vor der Zeit, der Ewigkeit überliefert haben.

Den 24. Decemb. Schneegestöber und Sturm dauerten die ganze Nacht. So bald es Tag wurde, sahen wir die französische Küste von Calais, welche wir wenigstens 3 Englische Seemeilen gerade vor uns hatten; wir änderten sogleich unsern Cours nach W. um dem Lande vorbey und in den Canal zu kommen, welches uns auch glückte. So wurden wir also durch das Licht des Tages, welches manchem Seefahrer Trost und Hülfe gewährt,

gewährt, geborgen, da wir innerhalb einer Viertelstunde in der Finsterniß unglücklich seyn konnten.

Rings um das Fahrzeug flogen mehrere Vögel, unter denen sich eine dunkelbraune Fischmeve (Larus) zeigte, welche größer war, als die gewöhnlichen von dieser Gattung. Der kleine Sturmvogel (Procellaria Pelagica), welcher sich immer beym Sturm zeigt, flog jetzt überall zwischen den Wellen.

Ein dem Kapitain Knape zugehöriger Hund, welcher Lyster hieß, auf der See geworfen, und über vier Jahr am Boord war, folglich manchen eben so starken Sturm ausgehalten hatte, aber niemals seekrank gewesen war, wurde es jetzt, welches daher kam, daß man ihn in eine Hängmatte legte, von deren Schaukeln der Hund, welcher dieses nicht gewohnt war, zum Erbrechen krank wurde. Denn er wurde wieder frisch, so bald er auf dem Verdeck gehen konnte, ohnerachtet hier das Schwanken noch größer war. Des Nachmittags wurde der Wind N. nachher N.W. und endlich W. mit gleichem Sturm, welcher

den

den 25. und 26. anhielt, während welcher Zeit wir beylegen und mehrere male zwischen der englischen Insel Wight und der französischen Küste der Normandie bey Cherbourg kreuzen mußten.

Den 28. Decemb. kamen wir aus dem Canal auf einen seichten Grund, wo wir einen langwierigen Gegenwind und mehrere schwere Stürme auszustehen hatten, die uns endlich in Furcht setzten, daß wir in die französische Bucht hineingetrieben würden.

Den 6. Jan. 1788. war ein gelindes Wetter mit Regen und Gewitter. Die Observation war 46° 38′ N. Br. 8° 7′ W. L. von London.

Den 20. Jan. passirten wir Madera; um 12 Uhr hatten wir das westliche Vorgebirge dieser Insel in O. ¼ S. auf eine Entfernung von 1° 10′. Wir waren 32° 15′ N. Br. und 18° 12′ W. L. von London. Die meisten, welche von Schweden nach Westindien segeln, suchen gern sich dieser Insel oder wenigstens der Höhe derselben zu nähern, theils um in ihren Seerechnungen sicherer zu seyn, und theils um desto eher die Passatwinde zu treffen, welche sie nachher sicher weiter führen.

Den

Den 24. Jan. Mehrere Schnabelfische (Balaena Boops). In *Fabricii* Fauna Grönl. p. 36. findet sich eine sehr vollständige Beschreibung dieser Art Wallfische, welche uns heute mehrere Stunden Gesellschaft leisteten.

Das schwimmende, netzartige Meergras (Fucus natans) fing jetzt allgemeiner, als wir es vorher während unserer Reise gesehen hatten, auf dem Wasser zu fließen an. Obs. war 27° 17′ N.Br. und W.L. 24° 25′ von London.

Den 7. Febr. sahen wir um 6 Uhr Vormittags Land in einer Entfernung von 6 Leagues; das östliche Ende desselben war in S. W. nach W. $\frac{1}{2}$ W. und das südliche in S. $\frac{1}{4}$ O. Wir wendeten südwärts über, in der Absicht, innerhalb der südlichen Spitze des Landes zu kommen, welches die englische westindische Insel Antigua war. Bey der Wendung hatten wir das östliche Ende derselben S. S. W. und das südliche in S S.O. in einem Abstande zwischen 5 und 6 Leagues. Der Himmel war klar mit frisch streichendem Winde; nicht lange nachher sahen wir von der Spitze

des

des großen Mastes, Barbuda in N. nach O. auf einer Distanz von 5 oder 6 Leagues. Weil wir wegen des unbequemen Windes vor der Insel Antigua nicht südlich vorbeykommen konnten, so hielten wir ab, und gingen zwischen letztgenannter Insel und Barbuda, obgleich dieses Fahrwasser, durch eine zwischen diesen Inseln in die See auslaufende Untiefe, welche größtentheils aus Berg und Rollsteinen besteht, wie es auf einigen Seecharten angemerkt ist, sehr unsicher seyn soll.

Wir untersuchten fleißig mit dem Senkbley; die Tiefe wechselte zwischen 15, 18, 21 und 24 Klaftern ab; dem Senkbley folgte weißer Sand, zerbrochene Schneckenschaalen, größtentheils vom Geschlecht der Kammmuscheln (Ostreae) und einige kleine Stückchen von der Blutkoralle (Itis nobilis).

Der Wind war östlich und unser Cours W. nach N., und so bald wir die östliche Spitze von Antigua in S.S.O. ¼O. auf eine Entfernung von 1 Leags hatten, trafen wir mit dem Senkbley keinen Grund mehr. Um 12 Uhr hatten wir St. Christoph in W. nach S.

und die Obſ. war 17° 9′ N. Br. und 55° 28′ W. L. von London. Das Wetter war klar mit ſtarker Sonnenhitze und der Wind angenehm.

Um 2 Uhr Nachmittags hatten wir St. Chriſtoph W. S. W. ¼ W. und die Inſel Newis in S. W. nach W.; um 5 Uhr bekamen wir die zwey höchſten Berggipfel auf St. Barthelemi in N. W. ½ W. auf einer Diſtanz von 7 Leags zu Geſichte. Wir ſetzten unſern Cours bis um 6 Uhr fort, wo wir St. Barthelemi in N. W. nach N., Saba in W. ½ S., das höchſte Land von St. Chriſtoph in S. W., den höchſten Berg von St. Euſtache in W. S. W., vor uns hatten. Weil die Nacht anbrach, und wir nicht in der Dunkelheit dem Lande zu nahe kommen möchten, ſo ward beſchloſſen, ſo lange beyzulegen, bis es Tag würde, weshalb wir um 8 Uhr ſüdwärts ſteuerten, und mit gleichem Winde bis 12 Uhr ſegelten, wo wir wieder nordwärts ſteuerten.

Den 8. Febr. um 3 Uhr des Morgens ſteuerten wir wieder ſüdwärts und ſegelten mit gleichem Winde bis um 5 Uhr, wo wir wieder nordwärts wendeten, und ſo bis 7 Uhr fort=

fortgingen, da der Tag den Horizont zu erleuchten anfing, und wir St. Barthelemi wieder in N. W. nach W. zu sehen bekamen. Die Segel wurden beygesetzt, und zuerst gerade auf das Land zu gesteuert. Wie wir näher kamen, hielten wir nach und nach davon ab, so daß wir es auf der südwestlichen Seite passiren konnten; denn die andere Seite ist sehr gefährlich, weil sich daselbst mehrere Untiefen und Korallenklippen finden, auch muß man alsdann durch den Sund zwischen St. Martin und St. Barthelemi gehen, welcher nicht allein wegen seines Fahrwassers, sondern auch, wenn der Wind südlich, zum Kreuzen sehr gefährlich ist. Die südwestliche Seite der Insel hat dagegen sowohl tiefes als reines Fahrwasser, welches wir auch antrafen. Wir passirten eine kleine Klippe (L'isle Cacco), welche zwischen uns und dem Lande lag, in N. O. wo diese Klippe einige Brandungen zu verursachen schien.

Der Zuckerhut (le pain à Sucre), eine Klippe, welche einem Kegel oder einem Zuckerhute gleicht, schien bereits gerade vor uns zu zu liegen, wohin wir unsern Cours weiter richteten, während wir eine hohe Landspitze passirten, und zuerst das Castell, nachher aber mehrere Häuser in der Stadt zu Gesichte bekamen.

Der Königl. Lootse, Hr. Peter Ridström begegnete uns hier, nachdem wir die Segel vermindert, die Flagge aufgezogen und zwey Kanonenschüsse gethan hatten, welcher uns nachher in den Hafen le Carenage begleitete, woselbst wir um 11 Uhr Vormittags Anker warfen. Wir fanden vor uns ein englisches Schiff, und außer der Wachtschaluppe Triton, eine Schwedische Krön=Schaluppe St. Barthelemi, von Stockholm, nebst zwanzig andern kleinern Fahrzeugen.

Die Herren Röhl, Ditmer und der Kapitain Borg nebst mehrern Schweden, besuchten uns sogleich am Boord, sie hießen uns willkommen und forschten nach Neuigkeiten aus Schweden.

Gleich nach unserer Ankunft ging ich in Gesellschaft mit Hrn. Ridström und dem Kapitain Knape aus Land, wo wir unter=
wegens

wegens am Boord der Wachtschaluppe Triton waren, um unsere Ankunft zu melden. Unsere Aufwartung geschah zu Lande zuerst beym Vice-Gouverneur Hrn. Pehr Herman von Rosenstein, nachdem bey dem Kapitain, Hrn Pogge, und endlich bey mehrern unserer Landsleute.

Von dem Gouverneur von Rosenstein wurde ich sehr wohl aufgenommen; er erzeigte mir viele Freundschaft, und bot mir seine Beyhülfe an, im Fall mir etwas nöthig seyn sollte, und dieses sein gegebenes Versprechen blieb nicht beym bloßen Worte, sondern er zeigte es auch durch die That selbst. Es ist für die Aufnahme und den Zuwachs einer neuen Kolonie nichts angelegner und nützlicher, als wenn sie einen vernünftigen und thätigen Gouverneur bekömmt, der sich in alle Menschen zu schicken weis, so daß er von ihnen wieder allgemein geschätzt wird, und ihr Vertrauen gewinnt. Ein solcher Gouverneur war Hr. Baron Salomon von Rayalin, während seines hiesigen Aufenthalts, und sein jetziger Nachfolger bestrebt sich im höchsten Grade, ihm nachzukommen.

Die Verdienste dieser Herren um die Anlegung und das Fortkommen dieser kleinen Kolonie, sind außer allen Zweifel, da man weis, daß bey ihrer Ankunft hierher, den 6. März 1785., sich hier kaum mehr als zwey schlechte elende Hütten befanden; der ganze Boden war mit gemeiner und indianischer Feigendistel oder Cactus, und mehrern Sorten von Holz und Buschwerk, in solcher Menge bewachsen, daß man sich kaum von einer Stelle zur andern durchdrängen konnte. Auf eben dieser Stelle findet man jetzt eine kleine hübsche Stadt, welche aus etwa 300 saubern und für das Klima passenden Häusern besteht. Damals lag das Land unangebauet, wo jetzt eine schöne Baumwolle wächst, außer mehrern Arten von Früchten, welche zur Nahrung und zu den Bedürfnissen der Einwohner dienlich sind. Im Lande fand man keinen einzigen Weg, sondern blos kleine enge und schlechte Fußpfade, welche man nur mit der größten Schwierigkeit zwischen den Wohnstätten der Einwohner, betreten konnte. Jetzt finden sich mehrere angelegte Wege, so daß man im ganzen Lande herum mit Vergnügen reiten oder gehen

gehen kann. Dieses alles hätte ohne viele Mühe und einen thätigen Vorgesetzten, in so kurzer Zeit nicht geschehen können.

Den schwedischen Prediger Swen Thunborg traf ich gleich nach meiner Ankunft auf der Insel an, und weil ich noch kein Quartier genommen hatte, so erbot er sich, daß ich bey ihm in seinem Hause wohnen sollte, damit ich keine Miethe zu bezahlen nöthig hätte, denn die Hausmiethe ist in der Stadt sehr theuer.

St. Barthelemi.

Dieses Land ist eine der kleinsten unter den karaibischen Inseln, so daß außer St. Eustache, Saba und Montserrat kaum irgend eine weniger bewohnt und angebaut ist. Diese kleine schwedische Kolonie enthält in der Länge $1\frac{1}{2}$ und in der Breite $\frac{1}{2}$ schwedische Meile.

Die Gränzen sind das große Weltmeer, worin dieses Land liegt, so daß sein nördliches Vorgebirge auf 17° 55′ N.Br., das östliche Vorgebirge (le Cap) 17° 54′ N.Br. und 80° 54′ W.L., das südliche Vorgebirge 17° 49′

N. Br. und 81° W. L. liegen. Das westliche Vorgebirge oder die kleine Insel, L'isle de la pointe liegt 17° 54′ N. Br. und 81° 3′ W. L. von Stockholm, von welcher Hauptstadt diese Insel bennahe 1000 schwedische Meilen entfernt ist, wenn man den Weg als eine gerade Linie annimmt.

Die Inseln, welche St. Barthelemi zunächst liegen und bey klarem Wetter gesehen werden, sind St. Martin in N. W. auf 1¼ oder 2 schwedische Meilen; Saba in W. auf 8 schwedische Meilen; St. Eustache in S. W. auf 6 schwedische Meilen, und St. Christoph in S. auf 7 oder 8 schwedische Meilen.

Die Ausdehnung des Landes ist von Osten nach Westen am größten, und formirt einen Haken oder stumpfen Winkel, so daß zwischen der östlichen Spitze le Cap bis zur südlichsten Landspitze, dessen Ausdehnung von O. N. O. nach W S. W. geht, hingegen von der genannten Landspitze bis zum westlichen Vorgebirge streckt sich das Land in N. W. oder N. W. nach N. Auf der Nord- und Nordostseite des Landes, sind mehrere Meerbusen

busen, und dazwischen wieder ins Meer auslaufende Landspitzen, welche der Insel eine unregelmäßige Figur geben.

Die Lage ist sehr bergig; hohe Berge, welche von tiefen Thälern durchschnitten sind, mit größern oder kleinern Gewächsen und Laubhölzern überwachsen, geben zum Theil eine schöne Aussicht. Obgleich diese Berge nur von weniger und dürrer Erde überdeckt sind, so bringen sie doch ebenfalls manche Gewächse hervor, bis daß die trocknern Stellen zu Baumwollen- und andern Plantagen angewandt werden können.

Seen und Flüsse finden sich auf der Insel nicht, welches den Einwohnern theuer zu stehen kommt, weil sie kein frisches Wasser besitzen, sondern es von St. Christoph holen, oder auch Regenwasser in Cisternen sammlen müssen. Man findet auf der ganzen Insel keine Quelle oder Brunnen, welcher beständig diesen für die Haushaltung so nothwendigen Artikel enthielte. Ein Faß mit Wasser von St. Christoph kostet oft 2 Rthl. Spec.

Salzreiche nennt man einige Sümpfe, welche sich im Lande finden, die so nahe am

Meere

Meere liegen, daß das Meerwasser zur Zeit der Orkane, durch Stürme dahinein getrieben wird, welches nachdem durch die Sonnenhitze verdunstet, und alsdann ein feines und weißes Salz zurückläßt; in trocknen Jahren geben sie mehr Salz als in nassen, und wenn es so häufig regnet, daß das Wasser nicht verdunsten kann, geben sie keins. Man sollte sich vorstellen, daß hier auf der Insel viel Salz hervorgebracht werden könne, und ich fand auch, daß das Wasser im Hafen Carenage so salzig war, daß ein Quartier Wasser durch Ausdünstung ungefähr $\frac{1}{2}$ Loth Salz gab. Daß die hier befindlichen Salzteiche so wenig liefern, dürfte auch daher kommen, weil ihr Boden aus einem losen thonigten Schlamme besteht, und weil sie das ganze Jahr hindurch von Schweinen und andern Thieren ausgetreten werden; wenn sie hingegen gereinigt und gehegt würden, so dürften sie, besonders in trocknen Jahren, lohnender seyn. Der Preis des Salzes ist in dieser Hinsicht in Westindien sehr ungleich. In den Jahren, wo die Salzteiche viel geben, kann die Tonne zu 24 bis 32 Schill. Spec. aber in

andern

andern Jahren, zu 1 Rthlr. 32 Schill. verkauft werden.

Die Inseln und Scheeren, welche um das Land herum liegen, sind folgende: in S. liegt eine kleine Insel oder Holm (l'Isle Cacco), nordöstlich von dieser sind einige Brandungen sichtbar, sonst ist die Küste rein. Westlich vom Lande liegen mehrere kleine Inseln. S.S. der Zuckerhut (le pain à Sucre), Grand und Petite Islotte, la Balaine und les Saintes.

Der Zuckerhut ist unter diesen die größte und ansehnlichste; er liegt etwa ¼ schwedische Meile vom Lande gerade vor dem Castell und der Mündung des Hafens Carenage bey Gustavia. Diese Klippe kann als ein sicherer Wegweiser für alle, welche den genannten Hafen zu besuchen denken, dienen. Man kann, je nachdem der Wind am besten paßt, ohne Gefahr entweder auf der südlichen oder nördlichen Seite, um denselben herum gehen.

Grand und Petite Islotte, zwey Klippen, welche ungefähr mitten zwischen dem Zuckerhute und dem Lande liegen, können sowohl auf der südlichen als auf der nördlichen Seite passirt werden, wenn man auf die Rheede oder in den Hafen will, je nachdem der Wind ist.

La Balaine ist eine Klippe, welche in der Wasserfläche mitten zwischen dem Zuckerhute und den letztgedachten Klippen im Fahrwasser liegt, vor welcher man sich in Acht nehmen muß, wenn man entweder wegen knappen Windes oder andern Ursachen dazwischen kreuzen soll. Die Brandung derselben kann man genau sehen, und man kann sie, auf welcher Seite man will, in einer Entfernung von 12 oder 14 Faden sicher vorbey segeln. Auf des Admiralitätspredigers Dahlmans Charte von St. Barthelemi findet man diese Klippe mit Punkten bezeichnet; sie liegt aber dort 4 bis 500 Ellen weiter in N. W. als sie liegen muß.

Les Saintes, drey Klippen, liegen etwa 1000 Ellen S. S. O. von den Klippen Grand und Petite Islotte; zwischen diesen ist der Einlauf auf die Rheede, nur muß man sich genau versehen, daß man nicht zwischen diese drey Klippen und das feste Land komme,
weil

weil es dort so untief ist, daß größere Fahrzeuge nicht darüber gehen können; ist aber der Wind nordlich, so ist es am besten, um alle diese Klippen nördlich herum zu gehen, dann ist es desto leichter, eine beliebige Stelle auf der Rheede oder im Hafen zu suchen.

Nordwestwärts vom Lande liegen folgende Inseln und Klippen: l' Isle de la Pointe, le Boeuf, la Fourchue, und von der letztern östlich drey kleine Klippen.

La Fourchue ist unter diesen die größte; sie liegt über $\frac{1}{4}$ schwedische Meile vom Lande, ist etwa $\frac{1}{8}$ Meile lang und $\frac{1}{16}$ Meile breit; sie ist sehr bergig, doch würde man darauf Baumwolle ziehen können, obgleich dieses bis jetzt nicht geschehen, sondern man hat sie bisher zum Aufziehen der Ziegen gebraucht. Dieses ist die nämliche Insel, von welcher in der Upfostrings-Sällskapets Tidning No. 23. von 1785. Erwähnung geschieht, wo man liest: daß eine kleine unbenannte Insel davon südwestlich zwischen St. Martin und St. Christoph im Sunde liege; aber dieser ist mit Klippen angefüllt. Der Verfasser müßte

B 5 den

den Sund zwischen St. Martin und St. Barthelemy damit gemeins haben.

Auf der nördlichen Seite vom Lande liegen Bon Homme, la Fregatte, Toc Vers, Tortue und mehrere unterm Wasser verborgene Untiefen, Korallenklippen und Brandungen, welche diese ganze Küste, mit ihren Meerbusen zum Befahren mit großen Fahrzeugen unsicher und unzweckmäßig machen.

Meerbusen giebt es um das Land mehrere, unter welchen St. Jean der größte ist; meistens haben sie alle schöne Strände von reinem weißen Sande, da hingegen alle in die See ausstreichenden Landspitzen aus hohen und steilen Bergen bestehen. Es sind ihrer nicht mehr als zwey, welche den Namen eines Hafens verdienen.

Der Hafen Carenage bey der Stadt Gustavia ist der einzige, welcher noch besucht wird; er liegt auf der westlichen Seite der Insel, hat einen guten Ankergrund und ist in N.O.S. und W. mit Bergen umgeben. Der Eingang ist N.W. etwa 200 Klafter breit, und so tief, daß Fahrzeuge, welche 8

oder

oder 9 Fuß, aber kaum andere, welche tiefer stechen, einkommen können. Ohngeachtet der Hafen klein und seicht ist, so kann er doch während eines Orkans hunderte von solchen und kleinern Fahrzeugen schützen — ein Vorzug, welchen weder St. Eustache noch St. Christoph besitzen.

Die Columbier-Bay, eine Bucht, welche an dem nordwestlichen Ende des Landes liegt, ist auf drey Seiten mit Land und Bergen umgeben, aber in N. W. offener als Carenage; sie ist so tief, daß Schiffe und größere Fahrzeuge darin gehen können, besitzt einen guten Ankergrund und einen reinen Sandstrand. Die Hügel daherum sind ziemlich abhängig, aber doch nicht so sehr, daß Gebäude davon beschädigt werden könnten, noch weniger braucht man zu fürchten, daß die oberhalb befindlichen Hügel sowohl über die Einwohner, als Häuser rollen würden, wie man sich fast jeden Tag auf St. Eustache einbilden muß. Die Zukunft hat oft große Veränderungen gemacht, sie kann auch, wenn das Glück sie mit seinem Beystande

stande begünstigt, diesen Platz zu einer schönen Stadt umschaffen, woselbst viele Menschen sich durch Fleiß Unterhalt und Vermögen erwerben können. Vor wenig Jahren fand man bey Carenage nichts weiter als einen öden Platz, aber so bald diese Insel in schwedische Hände und unter die weise Regierung Gustafs des dritten kam, wurde derselbe zu einer Stadt umgeschaffen, welche nach ihm den Namen Gustavia erhielt.

Ebenen oder Plänen finden sich nirgends, außer bey St. Jean und der französischen Kirche, doch müssen diese kaum für natürliche Ebenen, sondern als solche angesehen werden, welche durch die Ausrottung der Wälder und Anlegung der Plantagen entstanden sind, welches man daraus schließen kann, daß sowohl längst des Seestrandes, als an mehrern Stellen, wo der Wald nicht ausgehauen worden, derselbe frisch fortwächst. Diese Ebenen bestehen zunächst dem Strande größtentheils aus Sand, welcher, je näher man den Bergseiten kommt, mehr und mehr mit trockner Stauberde, welche sich mit der Zeit

von

von verfaulten Vegetabilien und Meerthieren sammelt, überdeckt und vermischt ist.

Nirgends findet man Nadelholz, sondern mehrere und ungleiche Sorten von Laubholz machen die Wälder des Landes aus.

Dem Ansehen nach kann man urtheilen, daß diese sowohl als die übrigen westindischen Inseln in vorigen Zeiten Vulkane gewesen sind; alle Berge, sowohl die höchsten als die niedrigen, sind nichts anders als Lava, welche auf mehrern und ungleichen Stellen aus verschiedenen Materien besteht.

Die sonderbare Gestalt der Berge kann man auf mehrern Stellen, sowohl an den Seekanten, als weiter hinauf im Lande deutlich sehen; sie geben zu erkennen und zeigen an vielen Stellen, daß der Stein fließend gewesen, und nach und nach erkaltet sey, wo die eine Schicht sich über die andere gelegt hat.

Die Seiten und Thäler zwischen diesen Bergen sind nachher mit Sand, Thon und mehrern Arten von Seegewächsen und Thieren bedeckt worden, welche das Meer durch Stürme

Stürme und Orkane dahin zu führen vermochte, und die nachher zu Stauberde verwandelt werden, worin sich der Saame von mehrern und ungleichen Gewächsen mit der Zeit befestigte und fortwuchs; je mehr die Gewächse vermehrt wurden, welche theils verfaulten, theils ihr Laub und ihre überflüssigen Zweige fallen ließen, desto mehr wurde auch die Stauberde, und auch nach Verhältniß die Menge der Gewächse vermehrt, so daß jetzt das ganze Land bis zu den höchsten Bergspitzen mit Erde und Gewächsen bekleidet ist. Obgleich die Erde an mehrern Stellen sehr flach ist, so wird sie mit der Zeit tiefer, in eben dem Maaße, wie das Holz wächst und zunimmt, so wie man aber das Holz auf den hohen Bergen ausrodet, so hindert man nicht nur die Stauberde, sich da zu vermehren, sondern es können auch mehrere unvorhergesehene Unbequemlichkeiten dabey eintreten.

Es ist hinlänglich bekannt, daß hohe Berge, die mit Holz bewachsen sind, unter welchem es feucht ist, weit mehr Wolken und Regen an sich ziehen, als die Berge, welche ohne

ohne Holz sind; wenn also diese Berge mit beträchtlichen Hölzungen bepflanzt würden, so dürfte man dadurch bezwecken, daß die strenge Dürre und der Wassermangel für die Einwohner und das Land weniger drückend würden. Daß es sich so verhalte, davon bedarf man keines andern Beyspiels, als von St. Christoph und St. Eustache. Auf der erstern Insel sind alle hohen Berge mit großem und dichtem Laubholz bewachsen, worunter das kleinere Buschwerk und Gesträuch so dicht in einander gewachsen ist, daß man kaum durchkommen kann; die Erde ist beständig feucht und naß, welches ohne Zweifel verursacht, daß man fast beständig Wolken mit Regen über diesen hohen Bergen und Wäldern schweben sieht, wenn der ganze übrige Horizont klar ist, und über dem umherliegenden Lande die Sonne scheint.

Auf St. Eustache, über dem bekannten Berge, der Punsch-Boule, ist dieses oft auf eben die Weise der Fall, obgleich dieser Berg nicht mit so großem Holze, sondern mit kleinem Gesträuch bewachsen; aber die auf
der

der Bergspitze selbst befindliche Höhle, ist an den Seiten von mehrern Arten Laubholz, Farrenkräutern und andern Gewächsen bekleidet, und hat auf dem Boden ein dichtes und großes Gebüsch von Bihai (Heliconia Bihaj), unter welchem es immer feucht ist. Auf diesem Berge fällt viel Regen. — Gegen die Stadt zieht sich vom Berge ein Thal herunter, worin sich das Regenwasser sammelt, und bey der Stadt in eine große Cisterne rinnt, von welcher der größte Theil der Einwohner in der Stadt Wasser holen. Auf St. Eustache findet sich keine andere Quelle, welche von Natur beständig frisches Wasser enthielte, und diese Insel ist in dem Stücke wenig besser als St. Barthelemi.

Das Klima ist gesund, hat aber seine Perioden und Abwechselungen. Neun Monate des Jahrs sind sehr angenehm und lieblich, mit etwas wechselnder stärkerer oder schwächerer Sonnenhitze, welche in dem Maaße vermehrt und verringert wird, jenachdem die Sonne mehr südlich oder nördlich vom Aequator ist; mehr und weniger Regen kann
auch

auch einigen Unterschied machen. In dieser Zeit ist es fast niemals stille, und es bläßt nie so stark, daß man es einen Sturm nennen könnte, sondern es herrscht beständig ein gleichförmig streichender Wind aus N.O. oder O.N.O., welcher dieses hohe Land sowohl als mehrere von den Antillen, sehr gesund macht, und großentheils die gewaltsamen Wirkungen der Sonnenstrahlen, denen man an vielen Orten ausgesetzt ist, vermindert. Wäre der Wind hier nicht beständig und das Land hoch, so hätte man hier eben das ungesunde Klima, welches der größere Theil von Surinam, mehrere Gegenden in Afrika, ein großer Theil von den Inseln des Südmeers und andere Oerter, haben. Die Sonne passirt die Höhe des Landes jährlich zweymal, so daß sie vom 10. May bis den 1. Aug. nördlich, die übrige Jahrszeit aber südlich ist. Während der beiden Perioden, wo die Sonne die Höhe des Landes passirt, haben die Einwohner keinen Schatten, und es würde alsdann die Sonnenhitze unerträglich seyn, wenn ihnen nicht die Natur den großen Vortheil des Nordostwindes verliehen hätte.

C   Die

Die Zeit der Orkane macht drey Monate im Jahre aus, während welchen kein Wind herrschend, sondern ein beständiger Krieg zwischen denselben ist. Sie nimmt in der Mitte des Julius ihren Anfang und dauert bis in die Mitte des Oktobers. Das Wetter ist in dieser Zeit so unbeständig, daß es den einen Tag, ja die eine Stunde stilles und schönes Wetter seyn kann, aber ehe man sich versieht, erhebt sich ein Sturm oder Orkan mit solcher Heftigkeit, daß er nicht nur die Fahrzeuge auf dem Meere oder auf der Rheede, Baumwollen= und andern Plantagen auf dem Lande zerstören, sondern auch Häuser und Bäume umwerfen, und eine allgemeine Zerstörung machen kann, wobey es nicht aus einer gewissen Gegend stürmt, sondern oft innerhalb 10 oder 12 Minuten um den ganzen Kompaß oder Horizont herumläuft, und gleichsam zu einer und derselben Zeit nach allen Wetterstrichen wüthet.

Das Zeichen des Orkans ist stilles Wetter mit Sonnenhitze, und wann einige dicke Wolken sich am Himmel zusammenziehen, so

giebt

giebt dies gleich zu erkennen, daß ein Orkan oder ein Wechsel der Witterung bevorsteht, welches die Einwohner in Acht nehmen und oft erfahren.

Die Wärme ist nach den Jahrszeiten ungleich, welches man aus den barometrischen und thermometrischen Beobachtungen des Hrn. Fahlbergs sehen kann.

Die Anzahl der Einwohner auf St. Barthelemi beläuft sich auf 3000 Personen. Die Einwohner des Landes sind 506 Weiße und 453 Schwarze, von welchen letztern 443 Sklaven und 10 Freye sind. In Gustavia oder der Stadt befinden sich 290 Weiße und 271 Schwarze, von welchen letztern 80 frey sind. Solchergestalt ist jetzt die Volksmenge größer als sie je vorher gewesen ist. Bekanntlich kamen 1646. die Engländer von Antigua nach St. Barthelemi, und führten 400 Weiße und 300 Schwarze mit sich fort; auch war das Jahr 1689. nicht weniger verödend, wo der englische Generalmajor Timothy Thornhill das Land einnahm, und 6 bis 700 Menschen mit Männern, Weibern und Kindern zu Gefangenen

genen machte. Im März 1785. wo das Land zuerst unter schwedische Regierung kam, war die Anzahl der Einwohner nicht größer als etwa 600 Menschen, weiße und schwarze, freye oder Sklaven zusammengerechnet. Man findet daher deutlich wie die Volksmenge in kurzer Zeit unter dem sichern Schutze und der Regierung eines milden Königs, ansehnlich zugenommen hat.

Die Einwohner sind sowohl hier als in Westindien, aus mehrern und ungleichen Völkern vermischt, daher findet man in Gustavia Schweden, Engländer, Franzosen, Dänen, Juden und Amerikaner; aber auf dem Lande sind sie fast alle von französischer Nation; doch finden sich da einige wenige Engländer, welche sich Plantagen gekauft, und sich gewisse Jahreszeiten hier aufhalten.

Diese Einwohner werden in Ansehung der Farbe, in Weiße und Schwarze eingetheilt.

Die Weißen sind entweder Europäer, Amerikaner oder Kreolen. Europäer heißen die, welche in Europa geboren sind und hierher reisen, um sich auf längere oder kürzere Zeit
hier

hier aufzuhalten; Amerikaner, welche von Amerika kommen. Kreolen nennt man alle, welche in Westindien oder in den Kolonien geboren sind, von welcher Nation, Stand oder Farbe ihre Voreltern gewesen seyn mögen.

Die Schwarzen, welche Neger oder Sklaven heißen, sind entweder von Afrika neu angekommen, oder kreolisch.

Neu angekommene Neger oder Sklaven von der Küste Guinea in Afrika, sind vom geringsten Werthe, weil sie das Klima nicht gewohnt, der Sprache unkundig und in der Arbeit unerfahren sind; aber wenn sie lange in Westindien gewesen sind, und sich lebhaft und folgsam zeigen, so steigen sie im Preise. Ein solcher neu angekommener Sklave kann für 10 oder 12 Moit gekauft werden.

Die kreolischen Neger oder Sklaven sind die, welche in Westindien geboren werden; weil sie von Kindheit auf an die Sprache, Arbeiten, das Klima und die Sitten gewöhnt sind, so kann einer von diesen, wenn sie einen frischen Körper und eine beständige Gesundheit haben, mit 20 oder 24 Moit bezahlt werden.

Die Sklaven oder Neger besitzen meistens alle einen starken Körper, und eine gute Gesundheit, welches zum Theil von ihren starken und beständigen Arbeiten, ihrer einfachen und weniger künstlich zubereiteten Nahrung, und dem Mangel des Ueberflusses herrühren dürfte. Nach den Gesetzen der Natur und dem menschlichen Gewissen, müssen diese unglücklichen Menschen als ein Opfer der Faulheit, Gierigkeit und Unmenschlichkeit der Eigenthümer angesehen werden; sie werden oft und von vielen mit so schlechter Nahrung und Unterhalt versehen, und zu so starken und anhaltenden Arbeiten getrieben, daß sie schlechter als unvernünftiges Zugvieh behandelt werden.

Die Nahrung der Sklaven ist sehr gering, und mit den Bedürfnissen eines Menschen unverhältnißmäßig. In der Stadt geben viele den Arbeitssklaven täglich 4 oder 5 Dogg zu Speisegeld; am Sonntage aber bekommen sie nichts, wenn sie nicht wie die übrigen Tage arbeiten wollen. Past. Thunborg war der einzige, der, wie ich hörte, seinen Sklaven des Sonntags Speisegeld gab, doch mußten

mußten sie bis 8 Uhr, oder 2 Stunden des Vormittags, arbeiten.

Ihre Kleider sind von noch geringerm Werthe; ein Arbeitssklave hat oft nicht mehr, als ein paar alte Beinkleider und einen zerfetzten Hut; der ganze übrige Körper ist bloß; eine Sklavinn braucht ein kleines kurzes Röckchen oder ein Stück Zeug, welches sie um die Lenden bindet, und ihr bis auf die Knie reicht. Dieses macht ihren ganzen Staat aus — ein Glück, daß weder das Klima noch der Luxus mehr erfordern. Ihr nackter Körper hingegen ist mehrern Schwierigkeiten unterworfen, indem er bey der Arbeit von mehrern dornigten Hölzern und Gewächsen verletzt und zerkratzt, oder durch den Saft des giftigen Mancinellbaums, welcher, wenn er auf dem bloßen Körper kommt, wie Scheidewasser frißt und brennt, inflammirt wird.

Die Sklaven, welche in den Häusern aufwarten, sind mit etwas bessern Kleidern versehen, und werden eben so wie die obigen unterhalten.

Freye Neger heißen solche, welche sich entweder von der Sklaverey losgekauft haben, oder deren Hausherren oder Eigenthümer ihnen die Freyheit gegeben haben, oder auch durch Vermischung mit weißen Menschen, wo ihre Kinder nach mehrern Generationen als Weiße angesehen werden und dieselben Rechte erhalten können.

In Ansehung der Vermischung bekommen die meisten auch ungleiche Namen, nach der Farbe und dem Grade ihrer Voreltern, von denen sie erzeugt und ernährt werden, als:

Ein von einer Negerinn und einem Mulatten Erzeugter heißt Sambo oder Cabre.

= = Negerinn = = Weißen = Mulatte.
= = Mulattinn = = Weißen = Mestive.
= = Mestive = = Weißen = Quarteron oder Mamblou.
= = Mestive = = Mulatten = Greif.
= = Mamblou = = Weißen = Quinteron.
= = Quinteron = = Weißen = Blanc.

Ohnerachtet die drey letzten Grade an Farbe zwar eben so weiß und zuweilen weißer als manche Europäer sind, so werden sie doch nicht

nicht, vermöge des Code de loi de la Martinique für Weiße gerechnet, und können daher vermöge dieses Gesetzes nicht dieselben Freyheiten genießen, als die, welche wirklich weiß oder von europäischen Eltern geboren sind.

Die Weißen besitzen daher die größte Macht, und herrschen über die Schwarzen, daher will ich von ihnen, ihrem Verhalten und Sitten umständlicher reden.

Die Religion ist so wie das Volk, vermischt. Es würde um davon zu urtheilen, meiner Meinung nach, mehrere Folianten ausmachen, weil jeder seine eigne Gedanken hat; was aber die schwedische Gemeine anbetrift, so ist sie gleich mit der unsrigen.

Die catholische Kirche, von Stein gebauet, liegt ungefähr mitten im Lande, woselbst zu den Zeiten, wann die Einwohner, welche dieser Lehre zugethan sind, irgend einen Priester bekommen können, Gottesdienst gehalten wird. Während meines hiesigen Aufenthalts, hielt sich der Prediger hier nur eine kleine Zeit auf, welcher nachher abreißte und die Gemeine ohne Seelsorger verließ.

Die schwedische Kirche in Gustavia, ist sehr schön, von Fachwerk und Dielen aufgebauet, und mit einem Schindeldache bedeckt; sie hat keine Fenster, sondern Oeffnungen, welche mit Klappen zugesetzt werden; außer dem Altar und der Kanzel sind darin wenig Verzierungen. Außerhalb der großen Kirchthüre, ist eine große steinerne Treppe, welche das Ansehen der Kirche auf der Seite sehr viel vermehrt. Der Glockenthurm ist mitten über der Kirche, wohl gebauet, hatte aber noch keine Glocke. Doch versprach der Kapitain Dampe, welcher ein westindisches Kompagnieschiff nach St. Barthelemi führte, und sich mit mir zu gleicher Zeit dort aufhielt, der Kirche seine Schiffsglocke zu überlassen; allein ich weis nicht, weßhalb es nicht zur Ausführung kam, da es doch für die Gemeine eine so nützliche Sache, und der westindischen Kompagnie um so weniger nachtheilig gewesen wäre, da nachher sowohl das Schiff nebst der Glocke, auf der Heimreise von St. Barthelemi im Kattegat von den Russen genommen wurde.

Der Wuchs ist bey den Einwohnern, nach den Nationen wovon sie herstammen, ungleich.

gleich. Die Kreolen oder die Eingebohrnen im Lande, haben fast alle einen starken Körperbau, besonders die Männer. Die Frauenzimmer sind dagegen magerer, welches von ihrer wenigen Bewegung und ihrem gemächlichen Leben herrührt. Sie sind so commode, daß sie fast gar nichts thun, sondern stille sitzen, und ihren Sklavinnen befehlen, deren Beyhülfe sie oft zum Verscheuchen der Fliegen und zum Aufnehmen dessen was sie auf den Boden fallen lassen, nöthig haben. Die Beschäftigung der Männer ist hingegen etwas stärker; ohnerachtet sie nie oder doch sehr selten an starke Arbeit gehen, so gehen sie doch aus, sehen nach ihren Plantagen, treiben die Neger zur Arbeit, und richten ihre übrigen Geschäfte so ein, wie ihre Bewegung und Umstände es erfordern.

Die Kleider werden von Leinwand und dünnen baumwollenen Zeugen gemacht und sind auf europäische Art genähet. Die Männer gehen meistens in langen Beinkleidern und Futterhemdern mit einem weißen Tuche unter dem Hute, wodurch sie die Gewalt der Sonnenhitze auf den Kopf und das Gehirn mildern,

dern, gekleidet. Ich bediente mich oft statt des weißen Tuches unter dem Hute, eines Bogen weißen Papiers, welchen ich außerhalb des Hutkopfs band, welches von großem Nutzen war, und die Sonnenhitze beträchtlich abhielt.

Die Gesundheit ist in Ansehung des gesunden Klima's, für die Einwohner weniger schwankend; das hohe Land, der beständig streichende Nordostwind, ihre dünnen Kleider und ihre Beschäftigungen, besonders Vor- und Nachmittags, zugleich mit der Gewohnheit des Klima's, machen ihr Leben sehr gesund, so daß selten Jemand erkrankt, oder eher als vor Alter stirbt. Fremde und Reisende sind hingegen mehrern Krankheiten ausgesetzt, welche theils von dem ungewohnten Klima, der ungewöhnlichen Nahrung und mehrern Ursachen, leicht entstehen können.

Krankheiten, womit Europäer wann sie zuerst hierher kommen, befallen werden, sind zweyerley: 1) Fieber mit starken Kopfschmerzen und Mattigkeit; 2) der sogenannte rothe Hund, welcher in einem rothen Ausschlag über

über den ganzen Körper mit kleinen bey einander sitzenden rothen Punkten, besteht. Diese Krankheit hat sehr viel Aehnliches mit den Masern. Die, welche unweit des Strandes wohnen, und gegen die Sonnenstralen auf dem weißen Sande sehen, bekommen oft solche Schmerzen an den Augen, daß sie beynahe blind werden, weshalb sie oft einen weißen Flor vor den Augen tragen müssen.

Die Speisen und deren Zubereitung, sind mit unsern europäischen sehr übereinstimmend. Schlachtvieh, als Ochsen, Schaafe, Ziegen, kalekutische Hahnen, Gänse, Enten und Hühner werden aus Nordamerika gekauft, woher oft Fahrzeuge mit diesem Vieh zum Verkauf hierher kommen. Der Preis des frischen Fleisches ist daher sehr hoch; ein Pfund frisches Fleisch kostet gemeiniglich 8 oder 10 Schill. Spec.

Eingesalzenes Fleisch und Fische, nebst gebackenem Brodte werden ebenfalls von daher eingeführt, aber um einen bessern Preis als das frische verkauft, und werden von den ärmern Leuten gekauft und gegessen.

Frische

Frische Fische, wovon guter Verrath ist, und welche viel an den Stränden gefangen werden, machen einen großen Theil der Nahrung der Einwohner aus; man kocht, bratet und bereitet sie auf mehrere Weise.

Brod wird in der Stadt sowohl schön als wohlschmeckend gebacken, so daß man alle Tage frisches französisches und anderes Brod kaufen kann. Die Backöfen sind nicht in Häusern oder unter Dach, sondern auf offenem Felde aufgebauet; oberhalb sind sie so gut berappt und gewölbt, daß sich kein Regenwasser durchdringen und sie feucht machen, oder das Backen verhindern kann. Das Mehl woraus dieses Brod gebacken wird, kauft man von Amerika, welches Land mit Recht für die Speise- und Vorrathskammer der westindischen Inseln angesehen werden muß.

Brod wird auch von der Wurzel der Cassavischen Brechnuß, oder des Manioks (Jatropha Manihot L.) zubereitet, welche Pflanze hier an mehrern Stellen zu diesem Behuf gezogen wird. Die Wurzel ist an und für sich sehr giftig, sie verliert das

Giftige

Giftige aber durch die Präparation und wird eßbar. Man schält die äußere Rinde ab, nachher reibt man die Wurzel auf einem großen Reibeisen und thut sie in Speisebeutel, welche nachher unter eine starke Presse gebracht werden, so daß aller Saft wohl ausgepreßt wird; nachdem dieses geschehen, wird die Cassava getrocknet und gesiebt, welche alsdann einem weißen Mehle gleicht. Aus diesem Mehle werden harte dünne Kuchen gebacken, welche auf Eisenplatten und in der Sonne getrocknet und gebacken werden. Dieses Brod wird, im Wasser eingeweicht, von Kreolen und Negern gegessen, und schmeckt angenehm. Wie man sagt, so soll auch der aus den Wurzeln gepreßte Saft, so giftig er auch ist, nach einigen Stunden Kochung und Abschäumung, zur Sauce bey Fischen und mehrern Gerichten dienen. Man sieht also, wie sowohl das Backen zu Brod, als das Kochen und Abschäumen des Saftes, diesem Kraute seine giftige Kraft, welche roh oder unpräparirt beide Menschen und andere Thiere tödtet, benimmt.

Küchen oder Küchenheerde sind in wenigen Häusern gebräuchlich, folglich die Einrichtung sehr einfach. Eine schlechte bretterne Hütte mit einigen Steinen, zwischen denen sie Feuer anmachen, und worauf sie ihre Kessel und Pfannen stellen, macht oft die ganze Einrichtung aus. An mehrern Stellen haben sie blos einige Steine auf offner Straße oder auf dem Felde, zwischen denen sie Feuer anmachen und ihr Essen kochen. In den Häusern sind weder Kamine noch Kachelöfen gebräuchlich, weil das Klima dergleichen nicht nothwendig macht.

Von Erdfrüchten sind besonders zweyerley Sorten gebräuchlich, welche viel statt des Brodtes dienen, nämlich Yams und Bataten oder indianische Kartoffeln.

Die Wurzel von Yams, wächst so groß wie Steckrüben; sie ist, in Scheiben zerschnitten und gekocht, wohlschmeckend und wird statt Brod gegessen. Diese Wurzel wird allgemein, sowohl von Fremdlingen als Kreolen und Negern gegessen, und daher in Menge gepflanzt.

Die

Die Bataten oder indianische Kartoffeln sind nicht minder im allgemeinen Gebrauche; sie werden auf eben die Art wie unsere europäischen Kartoffeln zubereitet und gegessen, sind aber nicht so mehlig und von Geschmack süßer, weshalb sie mehr als die europäischen zu Suppen gebraucht werden.

Grüne Erbsen von dem indianischen wolligten Geisklee (Cytisus Cajan L.) waren sehr allgemein und wurden auf eben die Weise, wie frische Schaalenerbsen genutzt. Sie sind wohlschmeckend, und man braucht sie täglich. Es ist fast die einzige Art frischer Erbsen die hier im Gebrauch sind. Trockne oder Kocherbsen sind weniger im Gebrauch, doch können solche von Amerika gekauft werden.

Die Eßwaaren kommen meistens, wie vorher bemerkt ist, aus Amerika, und bestehen sowohl aus lebendigen Geschöpfen, als gesalzenem Fleisch und Speck, und geräuchertem Schinken, geräuchertem Fleische, Brod, getrockneten und gesalzenen Fischen, Mehl, Butter, Grütze und Käse. Gesalzene Heringe kommen von Europa und finden hier guten Absatz,

Absatz, besonders in der Fastenzeit der Catholiken. Mit einem Wort, die Einwohner bekommen ihre Eßwaaren von Amerika und das Wasser holen sie von St. Christoph.

Salat wird von einem Palmbaum gemacht, welcher nicht im Lande wächst, sondern von St Christoph und den umliegenden Inseln gekauft wird.

Küchengewächse wachsen hier sehr wenig, doch werden solche von andern Inseln und Plätzen eingeführt, sind aber immer sehr theuer. Man hat versucht, sowohl europäischen Kohl als Kartoffeln zu pflanzen, aber sie wachsen so gering, daß sie nicht der Mühe lohnen, welches wohl von dem warmen Klima und dem trocknen Erdreiche herrühren mag.

Früchte, welche bey Tische nach der Mahlzeit gegessen werden, sind mehrere, und von ungleichen Sorten, als:

Apfelsinen, welches die gemeinsten sind; obgleich sie noch nicht im Lande gepflanzt werden, so werden sie doch von St. Eustache und andern Inseln herbeygeführt.

Die

Die Straußananas (Bromelia ananas L.) ist auch allgemein; sie wird geschält und in Scheiben zerschnitten und ist eine eben so schmackhafte als gesunde Frucht; sie wird sowohl des Vormittags, als des Mittags nach der Mahlzeit, gegessen.

Die Frucht von dem Achrasbaume (Achras Mammosa L.) ist wohlschmeckend, wächst aber nicht auf der Insel, sondern wird von Anguilla, St. Martin und andern Inseln eingeführt.

Mammay oder die Frucht des amerikanischen Mammaybaums (Mammea americana L.) ist groß, wie eine Kokosnuß, hat drey selten vier große Kerne, wird geschält, in Scheiben geschnitten und gegessen.

Akajunüsse, welche an der Frucht des westindischen Anacardien- oder Nierenbaums (Anacardium occidentale L.) sitzen, werden gesammelt, in der Pfanne gebraten und nachher von der äußern dicken und innern dünnern Schaale abgeschält, wo sie wie süße Mandeln schmecken, und werden viel bey Tische nach der Mahlzeit gebraucht. Die Frucht selbst wird auch gegessen; sie hat einen sauersäuerlichen und kühlenden Saft, und ist angenehm von Geschmack; nur muß man sich hüten, daß man keinen Saft auf seine leinenen Kleider bekomme, welcher schwarze Flecke zurückläßt, die sich nicht auswaschen lassen.

Susack oder die Frucht von der stachlichten Annone (Annona muricata L.) ist so groß wie ein kleiner Zuckerhut, dem sie auch an Gestalt gleicht; sie hat einen säuerlichen und wohlschmeckenden Saft, ist aber zugleich sehr kräftig und erweckt Eckel, wenn man viel davon ißt; wenn man aber mäßig ißt, so ist sie sehr gesund und kühlend.

Süßer Bissen (Printäpple) heißt die Frucht von der schuppigten Annone (Annona squamosa L.), ist kleiner als die vorhergehende, hat einen weniger säuerlichen Geschmack und erweckt Eckel, wenn man zu viel davon ißt. Die Vögel lieben sie sehr, weshalb man sie oft am Holze ausgefressen, und blos die Schaale antrifft; die Frucht wird von Kreolen, Europäern und Negern gegessen, und wächst überall in den Wäldern.

Papay oder die Frucht von der Papaya, oder dem Melonenbaum (Carica papaya L.),

wächst

wächſt ſo groß wie Gänſeeyer, iſt unreif grün, aber wenn ſie reif iſt, gelb; ſie iſt wohlſchmeckend und eßbar, und reift in den Monaten Junius und Julius. Dieſes Gewächs hat keine grüne Zweige, ſondern die Frucht ſitzt auf dem Stamm ſelbſt, welcher ſich mit vielen fein geſpaltenen Blättern mit langen Blattſtielen ſchließt, ſo daß der Baum das Anſehen einer Palme bekömmt.

Die Nüſſe oder Früchte von der amerikaniſchen Erdnuß (Arachis hypogea L.) werden auf den Straßen umhergetragen und verkauft. Ich fand ſie im Lande nicht, ſondern ſie kamen von den umliegenden Inſeln, und ihr Geſchmack gleicht beynahe dem der Haſelnüſſe.

Die Banane oder die Frucht von dem Paradies- oder Adamsfeigenbaum, Piſang (Muſa paradiſiaca L.) wuchs auch auf der Inſel; ſie wird geröſtet und gegeſſen, kann auch geſchält und roh gegeſſen werden, obgleich ſie auf die Länge nicht ſo gut iſt, wie die oſtindiſche, welche auf Java und Sumatra wächſt. Dieſes dürfte daher kommen, daß

keine

keine Frucht ehe ihre Reife erhält, bis sie vom Baume genommen wird, auch kann die Wärme und das Klima einigen Unterschied machen.

Kokosnüsse oder die Früchte von der Kokospalme (Cocos nucifera L.) wuchsen auf mehrern Stellen im Lande, und wurden auf den Straßen in der Stadt feil geboten, aber dieser Baum wuchs hier weder so groß oder die Nüsse so gut, als die, welche in Ostindien wachsen. Der Baum hat da, wo er wächst, doch immer ein schönes Ansehen und muß für eine Zierde angesehen werden.

Spanischer- oder Taschenpfeffer (Capsicum Annuum L.) zugleich mit einer Art kleiner wilder amerikanischer Gurken (Cucumis Anguria L.) werden in Glasflaschen mit Essig gelegt, und nachher wie gewöhnliche Gurken zu mehrern Gerichten gegessen. Der spanische Pfeffer verliert alle seine Schärfe, wenn man die Frucht zerschneidet, und die Saamen nebst den Zwischenwänden der Saamenbehältnisse, so wie die Fibern in der Frucht selbst, herausnimmt, nachher kann man das übrige ohne die geringste Spur von Schärfe essen.

Grana-

Granadill oder die Frucht von der Passions=
blume (Passiflora maliformis L.) wird bey
hochzeitlichen Gelegenheiten auf Tischen ge=
braucht; sie wuchs auf St. Barthelemi nicht,
sondern kam von St. Eustache und den um=
liegenden Inseln. Die Frucht war beynahe so
groß wie ein Gänseey, kühlend und wohl=
schmeckend.

Die Frucht von der indianischen Feigen=
distel (Cactus Ficus indica L.), der gemeinen
Feigendistel (Opuntia) und mehrern Cactus-
Arten, hat einen säuerlichen und kühlenden
Saft, ist folglich gesund und erfrischend,
wenn man warm und in starker Sonnenhitze
gewesen ist, auch wird sie von den weißen
und schwarzen Einwohnern mit gleicher Be=
gierde gegessen. Nur muß man zuerst die
Frucht von einem Haufen kleiner Stacheln,
womit sie besetzt ist, reinigen, welche sich
sonst im Munde und auf der Zunge fest=
setzen, und Unbequemlichkeiten verursachen.

Tamarinden oder die Früchte von dem
indianischen Tamarindenbaum (Tamarindus
indica L.) werden zu verschiedenem Behuf

von

von den Einwohnern gebraucht; ein großer Theil wird mit Zucker eingemacht, und nach mehrern europäischen Orten verschickt. Das Tamarindenholz wächst buschigt und laubigt, und ist um die Häuser und Wohnungen der meisten Einwohner gepflanzt, wo es sowohl Kühlung als Schatten giebt.

Mehrere Arten Früchte können hier zuweilen angetroffen und verzehrt werden, obgleich ich während meines kurzen Aufenthalts sie nicht schmecken oder kennen lernen konnte: Die Anzahl kann mit der Zeit zunehmen, so wie die Kultur und die Anpflanzung zunimmt.

Getränke giebt es verschiedene, welche gebräuchlich sind; bloßes Wasser wird selten getrunken. Schwacher Punsch, mit alten Rum ist am gebräuchlichsten; Wein und Wasser, oder ein Gemisch aus Brantwein oder Rum und Wasser (Gràgg), wird auch gebraucht. Die gesunde und kühlende Limonade ist das tägliche Getränk, welches um so leichter zu haben ist, so wie Punsch, weil man hier beständig Citronen und Limonen haben kann. Bischof wird seltner getrunken.

Porter sowohl als Oel oder Ale von Stockholm war auch zu haben, aber weniger im täglichen Gebrauch. Von Wein brauchte man mehrere Arten, als rothen und Madera; andere französische Weine waren nicht so allgemein gebräuchlich.

Brantwein aus Frankreich war rar, aber der holländische Wacholderbrantwein im Ueberfluß, so daß man ihn in Ankern und Flaschenfuttern für billigen Preis kaufen konnte, Rum oder Brantwein, welcher aus Sirup von dem groben Zucker bey den Zuckerplantagen auf den größern umherliegenden Inseln, gebrannt wird, fand sich hier überall; aber er stand in Ansehung seines Alters sehr ungleich im Preise. Den neuen konnte man für 4 oder 5 Bett per Kanne, hingegen den, welcher über 12 Jahr alt war, für 12 bis 13 Bett kaufen. Der Rum hat, wenn er jung ist, einen bittern und scharfen Geschmack vom Zuckerrohr; aber je länger er liegt, desto mehr verliert er nach und nach seine Bitterkeit und wird milder.

Sirup, ganz weiß und so fein, daß er Krystallen ansetzte, wurde gekocht und in gläsernen

sernen Flaschen verkauft. Man braucht ihn statt des Zuckers zum Kaffee, Thee und andern Bedürfnissen.

Kaffee wird auf die gewöhnliche Weise getrunken, von den Kreolen aber wird er gewöhnlich weder so stark, gut oder klar wie in Europa gekocht.

Thee trinkt man sehr stark, eben wie in England. Ziegenmilch oder Sahne, mit groben und rohen Puderzucker dient oft bey dieser Gelegenheit statt anderer Sahne und feinen Zuckers, sieht aber weniger appetitlich aus, weil immer eine Menge grober Erdtheilchen in der Tasse zu Boden fallen. Bey den Herrschaften und den wohlhabenern Kaufleuten auf St. Christoph und St. Eustache wird feiner Hutzucker, von England oder andern Plätzen in Europa oder Nordamerika, gebraucht.

Fremde und Reisende in Westindien, welche die Speise- und Wirthshäuser zu besuchen genöthigt sind, werden wohl aufgenommen, und essen und trinken so viel sie wollen, aber der Preis ist immer darnach bestimmt. Eine Mittagsmahlzeit kostet auf St.

St. Christoph, St. Eustache und den übrigen Inseln gewöhnlich zwey spanische Piaster, oder nach schwedischem Gelde 1 Rthlr. 44 Schill. Spec.; auf St. Barthelemi ist es etwas wohlfeiler, wenn man einen Accord auf eine gewisse Zeit macht.

Die Häuser sowohl als die Bauart sind einfach; Balken, Zimmerwerk, Bretter und Dachschindeln kommen von Amerika. Die Häuser setzt man auf ein hoch oder niedrig gemauertes steinernes Fundament, oder eine Hausstelle, welche unter mehrern Häusern so hoch ist, daß sie den Keller derselben ausmacht. Unter einigen Häusern findet sich kein solches steinernes Fundament, sondern das Haus steht entweder auf Pfählen oder Ecksteinen, zwischen welchen es offen ist, so daß der Wind immer unter dem Fußboden einen freyen Spielraum hat. Die Häuser werden von Fachwerk und Brettern aufgeführt. Sowohl die Wände als die Dächer werden mit Dachschindeln bekleidet. Jedes Haus hat zwey große Thüren gegen einander über, eine auf jeder Seite desselben, keine Fenster, sondern offne große Lucken,
welche

welche mit bretternen Klappen des Nachts und wenn es regnet, zugesperrt werden, so daß kein Regen ins Haus dringen kann. In den bessern Häusern waren vor den Lucken hölzerne Tapeten, statt der Fenster, welche von hölzernen Spänen, in Gestalt von Linealen gemacht waren. Diese lagen bey schönem Wetter horizontal, wenn es aber regnete, ließ man sie herunter, so daß alle Lineale schief auf der Kante standen, und der Regen daran ablaufen konnte. Die Fußböden sind mit Dielen belegt, dabey eben und schön, beständig rein und weiß gescheuert; auf dem Lande hingegen sahe ich beide Häuser und Fußböden weit schlechter; zum Theil einfache Hütten mit einem Fußboden von bloßer Erde, welches immer ein Zeichen des geringern Wohlstandes war.

Die Meublen in den Häusern waren ungleich, nach eines jeden Willkühr und Vermögen; in den bessern Häusern waren englische Spiegel und Leuchtkronen von Glas, gläserne Leuchter oder Cylinder, die an beiden Enden offen, und so weit waren, daß sie auf

den

den Tisch über den Leuchter mit dem Licht gestellt werden konnten, damit das Licht nicht von den durch die Lucken kommenden Zug abschmelzen und ablaufen sollte.

Tische, Stühle, Sofas und Betten waren in den bessern Häusern von kostbarern Holzarten, nach englischer Art gearbeitet; in den schlechten hingegen waren sie nach den Umständen eingerichtet.

Die Betten bestanden aus einer Matratze, einem mit Pferdehaar ausgestopften cylindrischen Kopfküssen, einem Laken oben und unten; die Decke war entweder sehr dünn, oder gar keine. Hangmatten wurden von mehrern entweder mit sehr wenigen oder gar keinen Betten darin, gebraucht.

Tischtücher waren aus Europa gekauft. In den Wirthshäusern herrschte die in Schweden nicht gebräuchliche Sitte, daß wenn die Gäste gespeißt hatten, vor jedem der Gäste eine Schaale mit Wasser hingestellt wurde, um sich die Hände und den Mund zu waschen, und sich nachher mit dem Tischtuche zu trocknen, so daß kein
Tuch

Tuch mehr als einmal auf den Tisch kommen konnte.

Porzellän, Glas, Messer und Gabel waren aus England, von welchen Sachen hier ein um so größerer Vorrath ist, weil sie jährlich in Menge nach Westindien gebracht werden.

Die hier gebräuchlichen Lichter werden aus Nordamerika unter dem Namen Wallrathslichter gekauft. Sie brennen klar und gleichförmig, wenn kein Zug hinzu kommt, weshalb die gläsernen Cylinder von drey Quartier Höhe gebraucht werden.

Filtrirsteine (Cos Filtrum *Linn.* S. N. p. 63.) gebraucht man zum Durchseihen des Wassers welches in den Cisternen gesammelt wird, wodurch es von einem Haufen Unreinigkeit, die es während des Stillstehens annehmen kann, gesäubert wird.

Die Cisternen sind mit Steinen und Cement gemauert, oben wie Keller gewölbt, theils unter den Häusern, theils außerhalb derselben angelegt. Die Dächer der Häuser sind mit Wasserrinnen versehen, welche alles
Regen=

Regenwasser in die Cisternen leiten. Viele Haushaltungen, welche gute Dachrinnen und Cisternen haben, sind, wenn die Dürre nicht allzu lange dauert, so mit Wasser versehen, daß sie eine so nothwendige Waare nicht zu kaufen brauchen, sondern auch ihren Freunden davon mittheilen können. Ich hoffe, daß nach und nach, wann mehrere Cisternen angelegt werden, und die Einwohner diese Sache mehr in Betrachtung ziehen, sie weniger über Wassermangel zu klagen Ursache haben werden. Es wäre sehr zweckmäßig, wenn bey jedem Hause oder Wohnung, auch auf dem Lande, eine Cisterne angelegt würde.

Handel. Ein jeder, welcher sich als Bürger in der Stadt besetzt, hat auch das Recht Handel zu treiben, wenn er Vermögen und Geld dazu hat.

Handelswaaren waren viele und ungleich, sie kamen theils von Europa, theils von Amerika, und theils wurden sie auf den westindischen Inseln hervorgebracht.

Ameri=

Amerikanische Waaren, welche hierher geführt und verkauft werden, bestehen in Toback, Zucker, Kaffee und Kakaobohnen, Balken, Zimmerholz, Brettern, Dachschindeln, allerhand Eßwaaren, mehrern kostbaren Holzarten und Farben, als Coccinelle und Indigo.

Westindische Waaren, welche auf den größern Inseln producirt werden, sind Rum, Zucker, Toback besonders von Portorico, Indigo, Kaffeebohnen und mehrere Sachen.

Europäische Waaren sind Eisen, Nägel, mehrere geschmiedete Arbeiten, Kanonen, Bley, Tücher, Seegeltücher, weiße oder gestreifte Leinwand, genähete Matrosenkleider von Buldan oder gestreistem gewebten Zeuge, Strümpfe von Zwirn, Schuhe, Hüte, Porzellän, Glas, Spiegel, allerhand Gewebe und dergleichen Waaren; Weine, Brantweine von mehrern Stellen, holländische und schwedische Heringe u. s. f. Für alle diese Waaren kann man St. Barthelemi und mehrere Inseln blos als eine Niederlage ansehen, wo fast täglich Fahrzeuge ankommen und abgehen, um ihre Ladung zu verkaufen, und andere Waaren wieder einzu-

einzunehmen. Solchergestalt können europäische Fahrzeuge hier allerley amerikanische und westindische Waaren kaufen, und die amerikanischen und westindischen dagegen, viele europäische Sachen bekommen.

Die Werkstätten waren hier nicht sehr bedeutend, doch fanden sich mehrere Handwerker, als Kleinschmiede, Tischler, Mauermeister, Bäcker, Böttcher, Schuhmacher, Schneider, Baumeister und Zimmerleute, welche alle in Ansehung des Orts und der theuren Bezahlung wohl lebten, und guten Verdienst hatten. Ein Paar Schuhe kostete 2 Rthlr. 24 Schill. Spec.; ein Zimmermann hatte wenigstens täglich 2 Rthlr. Spec. und alle übrige Arbeit war im Verhältniß theuer.

Der Plantagen sind mehrere und von ungleichen Arten, nach den Bedürfnissen und dem Vergnügen der Besitzer.

Die Baumwollenplantagen waren am einträglichsten und am gemeinsten. Allenthalben im ganzen Lande wird Baumwolle gepflanzt; obgleich das Erdreich trocken ist, so wächst sie sehr wohl. Nachdem das Holz weggehauen und getrocknet ist, so wird es wie gewöhnliches Swedjeland *) abgebrannt. Alle die groben Stubben, welche nicht aufbrennen, werden ausgerodet; hierauf machen die Sklaven mit Hacken kleine Löcher, etwa eine Elle weit von einander, worin 4 oder 5 Baumwollenkerne gepflanzt werden. Wenn die Baumwollensträucher aufgehen und ein Quartier hoch sind, und mehrere Sträucher in einem Loche beysammenstehen, so werden sie ausgezogen, und blos der beste übrig gelassen, welcher nachdem so stehen bleibt, wächst und Frucht trägt. Die Büsche wachsen gewöhnlich bis drey Ellen hoch, so daß sie in drey Monaten nach der Pflanzung vollgewachsen sind, geblüht haben, und die erste Baumwolle abgepflückt werden kann, welches mehrere=

---

*) Swedjeland nennt man in Schweden ein solches Erdreich, welches abgeschwender, oder wovon das Holz abgebrannt worden ist. Dieses Verfahren, ist noch in einigen Gegenden von Schweden und Finnland gebräuchlich, in welchem letztern Lande es Kitö genannt wird. Blumhof.

mehreremale geschehen kann, je nachdem die Blumen zu ungleicher Zeit ausbrechen, und die Frucht zureist. Wenn die Sträucher ausgeblüht haben und alle Wolle abgepflückt ist, so hauet man sie bey der Wurzel um, wo sie alsdann Nebenschößlinge treiben, welche nachher auswachsen, blühen, und für das nächste mal Wolle geben. Wann diese Wolle abgeerndtet ist, so stirbt die Wurzel ab, so daß man nachher neue Sträucher aus Saamen ziehen muß *).

Wenn die Baumwolle abgepflückt worden, legt man sie zum Trocknen hin, damit sie sich desto besser von ihren Fruchtschaalen und Hülsen absondere. Nachdem sie trocken und von diesen letztern gereinigt ist, sitzen die Kerne noch übrig, welche behutsam auf

einer

---

*) Nur Schade, daß die Baumwollenstauden sehr oft den Verheerungen einer gewissen Raupe, welche sich in Menge einfindet, ausgesetzt sind. Diese ist Noctua Gossypii Fabric. S. Gött. Journ. der Naturwiss. von Hrn. Hofr. Gmelin. Band 1. Heft 1. S. 140.

Blumhof.

einer dazu eingerichteten Maschine abgesondert werden.

Diese Maschine ist mit zwey Rädern, wovon jedes auf seiner Are oder runden Hölzern geht, welche auf einander dicht zusammenliegen. Der, welcher die Wolle reinigt, zieht oder tritt diese Räder mit dem einen Fuße vermittelst eines Fußschemels. Die Räder und die runden Hölzer gehen gegen einander, welche letztere wie ein paar Walzen gegen einander laufen. Zwischen diesen wird die Wolle gezogen oder gedreht, wo alle Kerne übrig bleiben und die Wolle durchgeht und ganz rein wird.

Die Baumwolle wird mit gutem Absatze verkauft und bezahlt sich; das Pfund kostete 16 bis 18 Schill. Spec.

Zucker= und Kaffeeplantagen waren nicht angelegt, und der Boden war auch wohl nicht passend dazu.

Cochenille findet sich nirgends. Ohnerachtet mehrere Sorten von Cactus im Lande wild wachsen, und die cochenilltragende Feigen=
distel

distel (Cactus Coccinellifer L.) hier auch wachsen kann, so wollen doch diese Cocci oder Würmer hier nicht gedeihen, welches viel von dem beständigen und ziehenden Winde herrühren dürfte. Es ist berichtet, daß sich auf St. Eustache Cochenille finden soll, aber dieses ist ohne Grund. Auf Jamaika und den größern Inseln finden sich diese Insekten, doch nicht in Menge, sondern als eine Seltenheit. Die beste und meiste Cochenille kömmt von Surinam, wo die Wärme sehr stark, und selten oder niemals Wind ist. In diesem Klima gedeihen sie am allerbesten, und ohne ein solches Klima dürfte man sie vergebens anzuziehen suchen.

Indigo wird nicht auf St. Barthelemi gepflanzt, ohnerachtet die Sträucher dort wohl wachsen können, und das Erdreich für sie passend ist. Aber der Mangel an frischem Wasser und einer zureichenden Menge von Sklaven, verhinderten die Anlegung solcher Plantagen. Nachrichten zufolge, soll der Indigo in frischem Wasser geröthet werden, und zu einer solchen Plantage oder Fabrik, wenn sie einigermaßen groß ist, und lebhaft betrieben werden soll, gehören 300 Sklaven, welche oft von dem faulen und ungesunden Gestank und Dunst zu ⅔ innerhalb eines Jahrs wegsterben, welches den Preis dieser Farbe ansehnlich vermehrt, wenn der Eigenthümer der Plantage nicht bloß sein Auskommen haben, sondern auch seine Sklaven bezahlen soll. Wenigstens kann man einen solchen Sklaven zu 7 bis 8 Moit rechnen.

Botaten, indianische Kartoffeln, oder Batatenwinde, peruvianische Zuckerwurzeln (Convolvulus Batatas L.), werden von den meisten Einwohnern zum Hausgebrauche gepflanzt. Sie wachsen auf trocknen Stellen und sind meistens größer als unsere europäischen Kartoffeln. Vergl. oben S. 48.

Nams (Dioscorea *Linn.*) wird auf steinigen Stellen gepflanzt, wächst häufig und in Menge und variirt sowohl in der Größe, als Farbe und Güte, welches entweder bloß von der Variation, so wie unsere schwedische Botaten sehr variiren, oder auch durch ungleiche Species, welche in längerer Zeit zusammengepflanzt

gepflanzt gewesen, und sich mit einander vermischt haben, herkommen dürfte. Diese Wurzeln machen einen großen Theil der Nahrung der weißen und schwarzen Menschen aus, und werden deshalb in Menge gepflanzt. Vergl. oben S. 48.

Cassavawurzel, Maniok (Jatropha Manihot L.) wird auf steinigen und trocknen Hügeln gebauet. Nachdem das Land oder die Plantage abgebrannt, ausgerodet und aufgelockert worden, wird die Cassava durch Ableger, oder abgehauene Schüsse, welche in die Erde gelegt werden, gepflanzt. Diese wachsen nachdem auf, und sind innerhalb eines Jahrs so ausgewachsen, daß ihre Wurzeln zu Cassava oder Brod angewandt und präparirt werden können.

Mays (Zea Mays L.) wurde auch, aber nicht in Menge gebauet. Moorhirse oder indignisches Honiggras (Holcus Sorghum L.), war allgemeiner als der erstere, und wuchs in diesem trocknen und mageren Boden recht gut. Die Körner dienten nicht nur zur Speise für die Neger, sondern es

konnten

konnten auch Enten, Hühner und andere dergleichen Thiere damit gefuttert und erhalten werden.

Taubenerbsen oder indianischer wolligter Geisklee (Cytisus Cajan L.) war an den Kanten auf Baumwollen= und andern Plantagen auf den meisten Stellen im ganzen Lande, gebauet. Die Sträucher wuchsen drey oder vier Ellen hoch, und wurden zu ungleichen Zeiten gepflanzt. In 4 oder 5 Monaten wuchsen sie auf und trugen Früchte, so daß die Einwohner beynahe das ganze Jahr und in allen Jahrszeiten damit versehen werden konnten. Die Erbsen sind wohlschmeckend und werden wie ausgehülsete Erbsen gebraucht.

Französischer Erbsenbaum (Aeschynomene grandiflora L.) *), dieser im höchsten Maaße schöne und prächtige Baum, war an einigen Stellen in Alleen gepflanzt. Die Bäume waren jung, oder blos 8 oder 10 Fuß hoch; denn

*) Die Baumartige großblumigte Schampflanze mit fadenförmigen Hülsen. Agaty Hort. Mal. I. Tab. 51.   Blumhof.

dem Ansehen nach, wurden sie weit größer. Ihre geraden und ebenen Stämme, schönen Blätter, großen, weißen und schönen Blumen, die den Erbsenblumen glichen, und so groß wie Enteneyer waren; die dazwischen hängenden ½ Elle langen Fruchtschoten, gaben diesen Bäumen eine Zierde, welche die bey andern weit übertrift, und das Auge des Zuschauers vergnügt. Ob die Frucht davon gegessen wird oder nicht, ist mir nicht bekannt.

Hecken wurden sowohl schön als dicht, von treppelstachlichtem Pfauenschwanz (Poinciana pulcherrima L.), und der stachlichten Parkinsonie (Parkinsonia aculeata L.), gepflanzt, mehrerer Holz = und Buscharten zu geschweigen.

Karato oder die große amerikanische Aloe (Agave Americana L.) gebrauchte man zu Hecken und Befriedigungen um viele Aecker und Plantagen im Lande. Man pflanzt sie daselbst in eine Reihe, so dicht zusammen, als sie neben einander aufwachsen können. Diese Hecke giebt, wenn sie ausgewachsen ist, eine so gute Befriedigung, daß weder Menschen noch Thiere dadurch kommen kön=
nen.

nen. Die Aloë wächst sehr hoch und breit; die Blätter sind oft 4 oder 5 Fuß lang. Nach mehrern Jahren schießt ein Stamm ohne einige Blätter, meistens 30 Fuß hoch hervor, welcher sich mit einem Blumenbüschel endigt. Nachdem dieser geblühet und Frucht getragen hat, stirbt die Aloë aus, weshalb der Stamm meistens, ehe er zur Blüthe kömmt, weggehauen wird, damit der Wachsthum erhalten werde, und keine Oeffnungen in der Hecke durch das Aussterben einiger Aloën, entstehen, welches im andern Falle geschehen würde.

Die gemeine Feigendistel (Cactus opuntia L.) und die Stachelfeigen (Ficus indica L.) glichen einander sehr und wuchsen zusammen wild auf unbebauten Stellen. Man pflanzte sie überall zu Hecken und Befriedigungen um Baumwollen = und andern Plantagen. Das Pflanzen geschieht durch Ableger auf folgende Weise: Rings um die Plantage wird ein Graben oder eine Grube gemacht, an deren beide Kanten die Zweige von Cactus und Ficus dicht bey einander gestellt werden; hierauf wird die Grube wieder

der zugeworfen, wo diese Zweige in zwey Reihen zu stehen kommen, die nachher zu Buschwerk aufwachsen, welches eine sehr sichere Hecke und Befriedigung für Menschen und Vieh abgiebt. Eine solche Hecke steht mehrere Jahre.

Ananas (Bromelia Ananas L.) war auf einigen Stellen angebauet; ich sah aber keine davon Früchte tragen, sondern diese werden von den umliegenden Inseln gekauft: die Gewächse waren klein, und die Eigenthümer glaubten in der Folge davon Früchte zu bekommen.

Die fünflappigte eßbare Ketmie (Hibiscus esculentus L.) wurde weniger allgemein und nicht in einiger Menge, gebaut.

Einen Fruchtgarten hatte der Hr. Kapitain Bagge auf einem Hügel zwischen dem Castell und der Stadt angelegt, worin er mehrere europäische Küchengewächse gepflanzt hatte; der Versuch war aber wenig lohnend; ihr Wachsthum war nicht so stark, daß sie sich verinteressirten. Er hatte auch den Sand=
büchsen=

büchsenbaum (Hura Crepitans L.), und die baumwollenblättrige Brechnuß (Jatropha gossypifolia L.), unter mehrern Gewächsen, welche vorher nicht im Lande wuchsen, gepflanzt.

Tobak wurde nicht gebauet, sondern von andern Stellen eingeführt; Tobak in Paketen (Cardus) und Tobakspfeifen waren sehr theuer, und fast nicht für Geld zu haben. Die Kreolen und Einwohner rauchten Seergalen, und brauchten folglich keine. Die Seergalen bestehen aus einem zusammengerollten Tobaksblatte, mit einem durchgehenden feinen Loche; es hat eben die Dicke wie ein Stiel einer thönernen Pfeife. Man zündet das Feuer am einen Ende des Seergalens an, und setzt das andere in den Mund, wo sich der Rauch durch das feine Loch, gleichsam wie durch einen Pfeifenstiel, durchzieht; man raucht so lange bis der Seergal aufgebrannt ist, wo man, wenn es auf den Lippen brennt, den Stumpen wegwirft. Europäer und besonders die Holländer, sowohl als die Kreolen und Neger haben diese Art zu rauchen, im gemeinen Gebrauch.

brauch. In St. Eustache gehen die Holländer auf den Straßen und rauchen Seergalen.

Der für die Einwohner nothwendigen Geräthschaften sind sehr wenige, oder sie sind auch unsern europäischen sehr ungleich.

Die Fischgeräthschaften bestehen in einem Boote oder Nachen, Netze, einer Angelschnur, einem Wurfnetze, welches rund ist, mit einer starken Schnur rings um die äußere Kante, welche mit bleyernen Kugeln von der Größe wie Pistolenkugeln, besetzt ist, damit das Netz geschwind niedersinken kann, wenn es ins Wasser kommt. Mit diesem Netze, welches an einem langen Seile befestigt ist, fängt man allerley kleine Fische, welche sich auf dem Grunde sammlen, und dem Lande so nahe sind, daß man am Ufer stehen, und das Netz über den Haufen von Fischen hinwerfen kann. Die Schnur oder das Seil ist so befestigt, daß wenn man das Netz herausnieht, es sich wie ein Sack zusammenzieht, und alle Fische, welche während des Auswurfs unter dem Netze waren, darin eingeschlossen sind. Reusen (Röfsjor) sind sehr gebräuch=

gebräuchlich und man legt sie auf den Grund und rings um die Klippen am Lande, mit welchen sehr viele Fische gefangen werden. Die Reusen werden mit Rahmen gemacht, welche sie immer in ihrer Form und Gestalt erhalten; auswendig sind sie stark und wohlgeflechten, von den Blättern des Palmbaums (Corypha umbraculifera L.) dessen Blätter den Einwohnern zu mehrern Bedürfnissen dienen. Sie können damit die Dächer bedecken und davon Körbe, Matten und Säcke verfertigen.

Die Cassava= oder Cassabi=Presse ist ein ausgehauener Klotz, wie ein Trog, mit dichten und vielen Löchern durchbohrt, damit der Saft desto besser herausrinnen kann. Der Klotz wird an einen großen und steifen Baum gelegt, an welchem auf der Seite ein Loch gehauen ist, so daß die offene und ausgehauene Seite gegen die Erde zu komme; und die andere mit den vielen Löchern durchbohrte Seite empor steht. Auf den Klotz wird ein Sack mit Cassava oder zerriebener Wurzel von Jatropha Manihot gelegt; eben auf den
Sack

Sack kommt ein Stück Holz, von eben der Breite wie der Sack, wo sie denn gepreßt wird, und oben auf das Stück Holz werden mehrere gelegt, bis sie dem Loche angemessen sind, welches in dem Baum gehauen ist, bey dem der Trog liegt. In das Loch am Baume steckt man einen starken und steifen Baum mit dem einen Ende, welcher queer über den Sack und das obere Stück Holz zu liegen kommt. Am andern Ende dieses Baums oder dieser Wuchte hängt man eine ansehnliche Schwere von Stein, welche nach der Stärke und dem Bedürfniß der Säcke eingerichtet seyn muß, um den Saft wegzuschaffen. Das Pressen mit einem Sacke dauert mehrere Tage, in welcher Zeit er mehrere mal umgewandt werden muß. Der Saft rinnt theils außerhalb des Klotzes, theils durch die vielen Löcher, womit er durchbohrt ist, fort, wobey man sich hüten muß, daß kein Vieh oder Kinder dabey kommen, und von diesem giftigen Saft schmecken oder trinken und dadurch unglücklich werden.

Die Cassavasäcke sind wie die gewöhnlichen Schnappsäcke oder Queerbeutel; sie müssen
aber

aber ziemlich stark seyn, um das starke Pressen ausbalten zu können. Nachrichten zufolge, waren die Säcke am stärksten und dauerhaftesten, welche von der gesternten Schirmpalme (Corypha umbraculifera L.) gemacht werden. — Fuhrwerke waren weder gebräuchlich noch nöthig; die Einwohner, welche Pferde hielten, hatten sich nur mit Reitsatteln versehen, welches daher kam, daß man noch vor wenigen Jahren gar keine Wege zum Fahren antraf; jetzt waren zwar von Gustavia und zum andern Ende der Insel, so breite Wege angelegt, daß ein Wagen darin fortkommen konnte, aber es war doch beschwerlich, wegen der hohen und steilen Hügel, so daß man doch geschwinder durch Reiten fortkömmt. Alles was auf den Plantagen wuchs, wurde von den Sklaven heimgetragen, so daß kein Fuhrwerk dabey gebraucht ward.

Der bey den Plantagen gebräuchlichen Werkzeuge, waren sehr wenige; Aerte, Hacken, Handscheeren und große Gartenmesser, machten den größten Theil derselben aus, und bey diesen Plantagen waren auch nicht mehrere nöthig.

nöthig. Bey Zucker-, Indigo- und dergleichen Plantagen, auf den größern umliegenden Inseln hingegen, werden in Ansehung ihrer Einrichtung und Bedürfnisse, weit mehrere erfordert.

Die Gesetze, nach welchen alle Sachen beurtheilt und abgemacht werden, sind die Schwedischen; doch giebt es einige Sachen, welche nach den westindischen Gesetzen oder der Uebereinkunft mit den umliegenden Inseln, und nach dem nachbarlichen Zutrauen abgeurthelt werden. Der Gouverneur war der höchste Richter; auch kam jetzt ein von Stockholm hergeschickter Justitiarius an.

Die Gesetze, nach welchen die Neger bestraft werden, betreffend, so hatte fast jeder Eigenthümer seine eignen. Er hat das Recht, seine Sklaven nach Gefallen und Gewissen zu behandeln. Es geschieht oft, daß wann ein Sklave Hunger leidet und allzustrenge zur Arbeit getrieben wird, dabey oft und täglich Schläge bekommt, er wegläuft, wo der Eigenthümer, wenn er ihn ertappen kann, die Freyheit hat, ihn nach Gefallen zu strafen. Der Herr fesselt alsdann den

F   Sklaven

Sklaven an einer großen und groben eisernen Kette, welche mit einem schweren Hängeschlosse um den Hals festgeschlossen wird, wo er ihn entweder von einem oder mehrern halten läßt, oder ihn auch wohl an eine Wand oder Pfahl festbindet, die Kleider abzieht, und ihn nachher mit einer Karbatsche von zusammengedrehetem Leder, so lange auf dem bloßen Leib peitscht, als seine Kräfte zu lassen und bis der Zorn vorüber ist. Der Sklave geht nachher längere oder kürzere Zeit in die Arbeit, und wird Tag und Nacht, entweder mit einer eisernen Kette, oder einem eisernen Halsbande mit langen hervorstehenden Haken, gefesselt. Eisenringe oder Ketten an den Beinen sind für sie weniger ungewöhnlich. Die Herren, welche ihre Sklaven nicht selbst strafen wollen, lassen sie auf die Wache führen, wo sie ins Gefängniß gesetzt werden, und ihre Strafe abwarten, welche größer oder geringer wird, nach dem Verlangen des Herrn und dem Verbrechen des Sklaven. Die Strafe geht meistens auf folgende Weise vor sich: Der Verbrecher wird mit dem Gesicht auf die Erde gelegt, mit den Händen an an die Räder einer Kanone gebunden, die Füße ausgestreckt und an zwey in die Erde eingeschlagene Pfähle festgebunden, und die Kleider werden weggenommen, so daß der Körper nackend wird. Der, welcher ihn peitschen soll, hat eine Peitsche mit einem kurzen Stiel; die Klappe derselben ist sechs oder sieben Ellen lang; er stellt sich in einiger Entfernung und schlägt mit der Peitsche auf den bloßen Körper des Sklaven los. Jeder Schlag knallt wie ein Pistolenschuß, und große Stücken Fell und Fleisch gehen oft vom Leibe herunter. Ein Sklave bekömmt 30, 50 bis 100 solcher Schläge, je nachdem sein Verbrechen groß ist *).

Der Schandpfahl, an welchem Sklaven und Neger ein oder mehrere Stunden vor Jedermanns Augen zur Strafe stehen müssen, stand nicht weit von der Wache oder der Stelle

---

*) Jedoch habe ich nachher von sicherer Hand in Erfahrung gebracht, daß ein Hausherr nicht befugt sey, seinen Sklaven mehr als 39 solcher Schläge zu geben, ohne vom Gesetz in Anspruch genommen zu werden.
Der Verfasser.

Stelle wo erstere abgestraft wurden. Er bestand aus zwey Bohlen; zwey Pfähle waren zwey Ellen hoch in die Erde gesetzt, zwischen welchen die untere Bohle etwa 1½ Ellen über der Erde befestigt war, die andere lag lose obenauf; sie war mit der untern am einen Ende mit einer Angel, und am andern mit zweyen Hespen und einem Ueberfall vereinigt, vor welchem man ein Härgeschloß legen konnte. Zwischen diesen Bohlen war ein rundes Loch ausgehauen, welches zu dem Halse paßte, und ein kleineres auf jeder Seite für die Arme. Wenn nun Jemand hineingesetzt werden sollte, wurde die obere Planke aufgehoben, und der Missethäter zwischen ihnen mit dem Halse und den Armen, das Gesicht zur Erde gekehrt, eingesperrt. Der Stock war so lang, daß mehrere auf einmal hineingesperrt werden konnten.

Die Karbatschen waren von ledernen Riemen gemacht. Nachdem die Haare weggenommen sind, wird der Riemen zusammengedreht und getrocknet, wo er nachher seine Form behält. Mit diesen bekommen die
Sklaven,

Sklaven, welche zu Hause sind, täglich mehrere male, nach dem Willen des Herrn und dem Versehen der Sklaven, einen oder mehrere Schläge. Ein Schlag mit diesen kann auf dem bloßen Leibe ziemlich schmerzen. Aber es mag schmerzen so viel es will, so hat doch immer der Hausherr das Vergnügen, sich dafür von seinen Sklaven einen Dank zu verdienen.

Wenn ein Sklave ein so grobes Verbrechen begangen hat, daß er nach den Gesetzen das Leben verwürkt hat, so soll laut Nachrichten, ein solcher Sklave, dem Gesetze gemäß, dem Eigenthümer auf Kosten des ganzen Landes bezahlt werden.

Die Gesetze sind für die Sklaven sehr strenge; es steht Lebensstrafe darauf, wenn ein Sklave seinen Herrn schlägt oder sich ihm widersetzt. Kein Sklave darf eine Büchse oder Schießgewehr tragen ꝛc. Die Gemüthsart der Sklaven ist auch bey den meisten sehr eigensinnig und zänkisch, welches zum Theil von ihren strengen Strafen, ihrer beständigen Sklaverey, elenden Nahrung, und immerwährenden Verachtung herrühren dürfte. Man hat Beyspiele von unvernünftigen Thieren, wie sie, wenn man sie auf solche Weise zu lange treibt, sich widersetzen, und sich gegen den allerbekanntesten Menschen, und die, welche sie warten und pflegen, vertheidigen wollen. Daher dürfte man mit Gelindigkeit und Nachgiebigkeit mehr, als durch Strenge ausrichten. Die englische Nation ist die einzige, welche solches noch in Betracht zieht, und ihren Sklaven größere Sicherheit und ein freyeres Leben gewährt. —

Der Vergnügungen sind mehrere und ungleich. Reiten oder Spaziergänge Vor- und Nachmittags aufs Land, wenn die Luft kühl ist, sind die tägliche Motion der Einwohner. Ihr Weg geht gewöhnlich nach St. Jean, der französischen Kirche, weiter oder näher nach Zeit und Gelegenheit. Der Weg ist schön, und die Aussicht des Landes auf mehrern Stellen gefällig und angenehm.

In der wärmsten Tageszeit, wird Billard gespielt, wenn die Wärme und Sonnenhitze den Leuten draußen und auf den Straßen
am

am beschwerlichsten fällt. Während man spielt, trinkt man Limonade, Punsch, Wein und Wasser. Man bezahlt für jede Partie zum Billard 8 oder 9 Schill. Spec. Wer am meisten im Spiele verliert, der muß sowohl das Billard, als auch das was getrunken wird, bezahlen. In Gustavia waren mehrere Billarde, und sie machten das tägliche Spiel und den Zeitvertreib der Einwohner aus.

Der Tanz ist unter den Europäern und Kreolen gebräuchlich, aber am meisten unter den Negern und Sklaven.

Die Sklaven stellen oft auf öffentlicher Straße, ihre Tänze an, oder kommen auch wohl in einem Hause zusammen. Sie durften aber nicht länger als bis 9 Uhr beysammen seyn, wenn sie nicht besondere Erlaubniß vom Gouverneur hatten. Ihre Tänze bestanden in mancherley Schwenkungen und Bewegungen des Körpers, welche von Europäern nur mit Mühe und doch kaum, nachgemacht werden können. Die Kreolen, welche von Jugend auf unter Negern und Sklaven er-

zogen werden, können doch kaum die Neger-
tänze lernen; hingegen lernen die Neger mehrere europäische Tänze leicht. Ihre Musik
bestand aus einer oder mehrern Violinen,
einem Bogen, auf welchem ein Fell, wie auf
einer Trommel, gespannt war, an deren
Stelle dieses Instrument gebraucht ward,
auch war beständig ein Triangel bey der
Hand, welcher durch seinen Klang einen
Theil der Musik ausmachte, wo ein Neger
saß und darauf schlug, und so die Violinen
begleitete.

Den letzten Sonnabend in jedem Monate
wurden Hahnengefechte, auf einem einge-
zäunten Hofe oder Platze angestellt. Innerhalb des Hofes ist ein rundes erhöhetes
Theater, mit einem niedrigen Staket umher;
außerhalb dieses Theaters stehen Bänke für
die Zuschauer. Die Hähne, welche zu diesem
Spiel aufgeopfert werden, sollen zuerst ge-
wogen, und nach dem Gewicht und der
Größe gepaart werden. Nachher werden
ihnen, ehe sie zum Fechtplatze gebracht werden, welches jedesmal mit einem Paare
geschieht,

geschieht, die gröbsten Federn und ihre natürlichen Sporen abgeschnitten und an deren Stelle andere von Stahl, welche an Gestalt und Schärfe den Pfriemen gleichen, festgebunden. Die Hähne werden hierauf den Zuschauern von zwey Männern oder Direkteurs vorgezeigt, wovon jeder seinen Hahn hat, und für ihn Geld bekömmt, welches leidenschaftliche Spieler darauf wagen, das sich oft, wenn die Hähne groß, lebhaft und einiger maßen gleich sind, auf 10, 15 oder 20 Moit beläuft. Auch kann man 1 oder 2 Piaster, mehr oder weniger nach Belieben, so wie die Hähne sind, einsetzen. Die Hähne werden nachher auf das erhöhete Theater zusammengebracht, wo sie gleich zu hauen und zu schlagen anfangen, welches nicht eher, als bis einer von ihnen todt bleibt, aufhört. Diejenigen, welche nun ihr Geld auf den Hahn, welcher gesiegt hat und noch lebt, eingesetzt haben, gewinnen es mit 100 Procent wieder. Des Abents versammeln sich alle, welche bey dem Hahnengefecht zugegen gewesen, in einem Wirthshause. Bey meiner Anwesenheit kamen sie immer bey einem

Amerikaner, Namens Davids, zusammen, wo sie den größten Theil der Nacht, theils mit Billard, theils mit Kartenspielen, zubrachten. Beym Kartenspielen konnte man von 1 Piaster bis zu 10 und mehrern Moit, einsetzen. Zu diesem Hahnengefecht sowohl als zum Kartenspiel, versammeln sich nicht nur die Einwohner des Landes und der Stadt, sondern auch eine Menge Juden und reicher Kaufleute von den umliegenden Inseln, welche mit Gelde versehen, herreisen, um entweder einen beträchtlichen Gewinn zu thun, oder auch mit leerem Beutel zurückzukehren. Das Kartenspiel war überhaupt weniger gebräuchlich, als Billard; wenn es aber gespielt wurde, waren mehrere zusammen, welche wohl mit Gelde versehen waren. Besonders liebten Juden und mehrere Reisende von St. Christoph, St. Eustache und andern Inseln, dieses Spiel.

Die hier gangbaren Münzen sind von mancherley Art. Moit heißt eine allgemeine Goldmünze, welche im Handel und Wechsel für 8 spanische Piaster oder 7 schwedische Rthlr. Spec. gilt. Gourd heißt ein spanischer Piaster,

Piaster, welcher zu 11 Bett gerechnet wird. Pisovett ist eine fingirte Münze, welche 8 Bett gleich ist. Ein Bett ist 6 Dogg. Dogg heißt kleines Silbergeld, gleich den dänischen und norwegischen Zweyschillingsstücken. Diese waren sicher von dänischen Inseln gekommen.

Spanische Piaster waren am gangbarsten; man bekam sie oft in 2 oder 4 Theile zerhauen; ein solcher halber Piaster galt für 5½ Bett. Wenn der Piaster in 4 Theile gehauen ist, so sind immer 2 Theile größer als die andern beiden, weshalb die zwey größern immer, à Stück zu 3 Bett gelten; aber die zwey kleinern nicht mehr als 2½ jedes. Auf St. Christoph wollen sie die zerstückelten Piaster nicht gern annehmen.

In der Naturgeschichte dieses kleinen Landes, welche eigentlich die Hauptabsicht meiner Reise war, und die mit der Zeit einige Vollkommenheit gewinnen dürfte, habe ich folgende Bemerkungen zu machen, Gelegenheit gehabt.

Vier=

Vierfüßige Thiere.

Fledermäuse (Vespertilio L.) von der Größe einer Rauchschwalbe, flogen überall des Abends nach Untergang der Sonne. Ich weis nicht durch welchen Zufall ich keine davon in meine Hände bekommen konnte, um mit Sicherheit die Art zu bestimmen.

Der Hund. Canis familiaris *Linn.* Syst. Nat. p. 56. Die vielen Abarten von Hunden, welche sich sowohl hier als in mehrern Welttheilen zahm finden, kann man beym Houttuyn in seiner Natuurlyke Historie I. D. 2 St. p. 35. Tab. 12. zusammen finden. Nur ein paar Worte von den sogenannten ägyptischen Hunden (C. Aegypticus L.), welche sich hier auch, aber weniger allgemein, fanden. Ihre Haut ist schwarz, und gleicht dem Ansehen nach der Haut der Neger; sie haben an den Ohrzipfeln und unten am Schweife nur einige Haare, sind übrigens ganz kahl. Sie waren wenig größer als die Schooßhunde oder die gewöhnlichen Haushündinnen, weßhalb sie auch, weil sie beym Kommen und Weggehen oft bellen, als solche gebraucht werden könnten.

ten. In Ansehung des Klimas dürften sie in den nördlichen Gegenden wohl nicht so sehr gedeihen.

Katzen (Felis catus L.) waren allgemein und von eben den Eigenschaften, wie in Europa.

Die Ratte. *Mus Rattus* cauda elongata subnuda. palmis tetradactylis cum unguiculo pollicari, plantis pentadactylis.

Linn. Syst. Nat. p. 83. Schrebers Säugthiere 4 Ordn. S. 647. Taf. 179. Houttuyn 1. D. 2. St. p. 471.

Daß sich sowohl Ratten als Mäuse (Mus Musculus L.) hier finden, ist um so weniger auffallend, weil sie jährlich mit den Fahrzeugen von Europa, Amerika und andern Inseln und Plätzen herkommen. Sie unterscheiden sich etwas von denen, welche sich im Norden oder den kältern Klimaten finden, durch längere und glättere Haare, übrigens ist die Farbe die nämliche. Den Schaden, welchen sie in Vorrathskammern und Kellern an Eßwaaren und Zucker anrichten, kann man sich leicht vorstellen; aber auf St. Christoph und andern Inseln, wo Zuckersie-
dereyen

bereyen und Plantagen sind, steigt der Schaden noch weit höher, indem sie nicht nur den Zucker auffressen und die Zuckerfässer zernagen, sondern auch das Zuckerrohr auf den Plantagen anbeißen und zerfressen, wodurch sie mehrere Felder ganz zu Grunde richten können.

Ziegen waren hier von eben der Art, nur etwas kleiner als die schwedischen, welches sowohl vom Klima, als von den geringern Vorrath von süßem Wasser herrühren dürfte. Ehedem hat man sie im Lande in großer Menge wild angetroffen (weshalb auch St. Barthelemi von den Bewohnern der umliegenden Inseln, die Ziegeninsel genannt worden); jetzt aber, nachdem das Land mehr angebauet, und sie den Baumwollen= und andern Plantagen großen Schaden zufügen würden, sind sie verfolgt und ausgerottet worden. Blos auf der kleinen Insel la Fourchue finden sich noch einige, welche Insel sich jetzt nebst den Ziegen, in den Händen von Privateigenthümern befindet.

Schaafe, Hornvieh und Schweine waren alle von europäischem Geschlecht, nur war

ihre

ihre Zucht in sehr schlechten Umständen. Die Ursache davon beruht auf den Mangel an guter Weide und frischem Wasser zu ihrem Unterhalte. Die Einwohner kaufen die nöthigen Bedürfnisse von Nordamerika, welches sich für sie um so leichter thun läßt, da amerikanische Fahrzeuge, sowohl mit lebendigem Vieh, als mit eingesalzenem Fleisch und Speck zum Verkauf, herkommen.

Pferde sind sehr wenige, und werden blos zum Reiten gebraucht; man käuft sie aus Europa und Amerika; aber wie man sagt, sollen die, welche man von der Insel Curacao erhalten könnte, die Vesten seyn und die andern an Munterkeit, Trab und Ausdauer des Klimas, weit übertreffen.

Vögel.

Der lachende Falke. *Falco Cachinnans* cerra pedibusque luteis. palpebris albis, corpore fusco albidoque vario, annulo nigro verticem album cingente.

Linn. p. 128. *Houtt.* I.D. IV St. p. 165.

Dieses war der einzige vom Falkengeschlecht, welchen ich sahe. Er war sehr häufig, und fing

fing zu seiner Nahrung kleine Tauben und andere kleine Vögel vom Sperlingsgeschlecht. Er ist etwas größer als der Dorntreter (Lanius Collurio).

Der Hauben=Kolibri. *Trochilus Cristatus* rectirostris viridis, alis fuscis, abdomine fusco cinereo, crista caerulescente, tibiis pennatis.

Linn. p. 192. *Edw.* av. p. 37. Tab. 37. *Houtt.* I. D. IV. St. p. 446.

Dieser kleine, schöne Kolibri war allgemein und suchte seine Nahrung aus den Blumen gewisser Gewächse, besonders liebte er die Blumen der Feigendistel, der Kapernstaude, der Euphorbie und mehrere. Er hatte eine besondere Fertigkeit in den Flügeln, indem er selten oder fast niemals sich setzte, während er mit seinem langen und spitzigen Schnabel in den Blumen nach dem Saft oder Honig derselben suchte, sondern sich in der Luft mit den Flügeln hielt, welche sich unterdessen mit einer solchen Heftigkeit bewegten, daß man sie kaum mit den Augen wahrnehmen konnte. An Größe ist er ohngefähr dem Goldhähnchen (Motacilla Regulus L. Syst. Nat. p. 338.) gleich.

gleich. Er hatte an den Beinen beynahe keine Federn, wodurch er sich etwas von Linnées Charakter zu unterscheiden scheint.

Vom Entengeschlecht (Anas) schienen einige wild zu seyn; aber zahm waren außer unsern gewöhnlichen, die sogenannte Spiegelente (Anas Boschas) und die türkische oder indianische Ente (Anas Moschata).

Die gemeine wilde Ente, Spiegelente. *A. Boschas.*

Linn. p. 205. *Houtt.* I. D. V. St. p. 62.

Sie war gleich mit den zahmen in Schweden und variirte der Farbe nach gleich mit

Der türkischen oder indianischen Ente. *A. Moschata* facie nuda papillosa.

Linn. p. 199. *Houtt.* I. D. V. St. p. 44.
Buchoz Planch. enlum. et non enlum. dec. I. Tab. III. Fig. 1, 2.

Sie variirte an Farbe und Größe; der letztern nach kann man sie mit A. Tadorna *Linn.* Faun. Sv. p. 113. vergleichen.

Hühner, Kalekuten, Gänse und Enten wurden viel von Amerika hierher geführt,

welche

welche ein Raub für die Bedürfnisse der Einwohner werden.

Der Sturm- oder Ungewittervogel. *Procellaria pelagica* nigra uropygio albo. *Linn.* p. 212. Diesen findet man überall auf dem Weltmeere. Ich habe einmal mehrere Tausend davon auf dem Wasser liegen sehen, welche ihre Nahrung von der Fettigkeit eines großen, todten und in der See fließenden Wallfisches suchten. Ueberhaupt sagt man, daß diese Vögel den Sturm ankündigen, wann sie rings um das Schiff fliegen wollen, welches von den meisten Seefahrern berichtet wird; aber ihre wahre Absicht dürfte eben so gut die seyn, sich Nahrung von allerley Kleinigkeiten, welche über Boord geworfen werden, zu suchen; es mag seyn wie es will, er bekömmt doch immer den Namen des Sturmvogels. Mehreremale habe ich einen größern und braunen Vogel in der spanischen See um das Schiff fliegen sehen, welcher zu eben dem Geschlecht gehören dürfte.

Die

Die Fregatte. *Pelecanus Aquilus* cauda forficata, corpore nigro, roſtro rubro, orbitis nigris.

Linn. p. 216. *Houtt.* I. D. V. St. p. 3. Tab. 38. Fig. 2.

Dieſe ſucht ſelten das Land, erſcheint doch allgemein auf der See zwiſchen St. Barthelemi und St. Euſtache Sie iſt groß und ſchwarz, fliegt ſehr hoch und leicht, der Schwanz gleicht einer Scheere, weßhalb ſie von einigen Seeleuten der Schneider genannt wird. Albin hat in ſeiner Geſchichte der Vögel T. 3. Tab. 80. eine einigermaßen gute Abbildung von dieſem Vogel gegeben, außer die Füße, welche er von einem andern Vogel aus dem Elſtergeſchlecht entlehnen mußte, und die für jenen ſehr übel paſſen.

Der Tropikvogel. *Phaëton Aethereus* rectricibus duabus longiſſimis, roſtro ſerrato, pedibus aequilibribus: digito poſtico connexo.

Linn. p. 219. *Edwards* av. p. 149. Tab. 149. Fig. 1. Borowski Naturgeſch. Th. 3. S. 22. Taf. 99. *Houtt.* I. D. V. St. p. 129. Tab. 39. Fig. 3.

Er flog überall an den Stränden; das Männchen unterschied sich von dem Weibchen durch zwey lange Federn im Schwanze, welche dieses nicht hatte. Wegen seines thranigten Geschmacks war er nicht eßbar. An Größe kann man ihn mit dem Schreyer oder Goldäuglein (Anas Clangula L.) vergleichen.

Die lachende Mewe. *Larus ridibundus* albidus, capite nigricante, rostro pedibusque rubris.

Linn. p. 225. *Alb.* av. 3. p. 56. Tab. 86. war die einzige, welche mir vom Mewengeschlechte vorkam; übrigens berichtete man mir, daß sich hier an der Küste mehrere von ungleicher Größe und Farbe, einfinden sollen. Gegen die Zeit der Orkane, und alsdann, wenn sich eine Menge dieser Vögel am Strande und in den Meerbusen sammelt, sind sie gleichsam Vorboten von nahe bevorstehenden Stürmen und Orkanen. Ihr Fleisch wird, so viel mir bekannt ist, nicht anders als von Negern gegessen.

Die Noddy, die kirre Meerschwalbe oder der Pinsel. *Sterna Stolida* cauda cuneiformi, corpore

corpore nigro, fronte albicante, superciliis atris.

Linn. p. 227. Borowski Naturgesch. Th. 3. S. 51. Taf. 107. *Houtt.* I. D. V. St. p. 154.

Die gesellschaftliche Meerschwalbe. *Sterna socialis* cauda forficata, corpore albo, dorso cano, fronte, superciliis albis, pileo rostro pedibusque nigris.

Dieser Vogel fand sich überall in Gesellschaft mit dem Vorhergehenden, und war von eben der Größe. Der Farbe nach glich er der europäischen Seeschwalbe (Sterna Hirundo L.), unterschied sich aber von ihr durch seine weiße Stirn, mit welcher er der kleinsten Fischmewe (Sterna minuta L.) glich, von der er sich jedoch wieder durch seine Größe, und von beiden durch seine schwarzen Füße und Schnabel unterschied.

Im April, May und Junius versammelt sich eine große Menge dieser Vögel auf den Inseln und Klippen rings um das Land, welche deshalb herkommen, um ihre Eyer zu legen und Junge auszubrüten, während welcher

cher Zeit man auch sehr viele schießen kann. Ihr Fleisch wird gegessen, und hat keinen thranigten Geschmack, welchen sonst dies Geschlecht gewöhnlich zu haben pflegt. Die Eyer waren etwas größer als die gewöhnlichen Taubeneyer, und wurden viel zum Gebrauch in der Küche gesammlet.

Der Säbelschnäbler. *Recurvirostra Avocetta* albo nigroque varia.

Linn. p. 256. *Houtt.* I.D. V.St. p. 264. Tab. 45. Fig. 1.

Von diesem Geschlecht sahe ich einen einzigen, welchen Hr. Sahlberg lebendig von Jemand im Lande geschickt bekommen hatte.

Hühner, Kalekuten, Pfauen und Perlhühner sind zahm, und von eben den Eigenschaften wie in Europa; auch wird ihr Gebrauch in der Haushaltung der nämliche seyn. Doch haben große, starke und schöne Hähne hier den Vorzug; ein solcher kann bey Hahnengefechten sich mit 20 oder 30 Moit verinteressiren, nach dem die Zuschauer die Hähne ansehen, und Geld in der Tasche haben.

Von Tauben und Sperlingen ließen sich mehrere und von ungleicher Art in den Wäldern

dern sehen, die ich aber wegen der Dichtigkeit der Wälder weder fangen, noch recht betrachten konnte, ohnerachtet ich mehrere male das Vergnügen ihres angenehmen abwechselnden Gesanges und Gezwitschers genoß.

Vögel, welche in verschiedenen Gegenden und Welttheilen gefangen und im Bauer gehalten wurden, waren besonders Papageyen und mehrere Arten Zeisige, unter denen der indianische Haubenfink (Loxia Cardinalis L.), wegen seines schönen Gesangs und seiner Farbe, den ersten Platz verdient.

Amphibien.

Die Riesenschildkröte. *Testudo Mydas* pedibus pinniformibus, unguibus palmarum binis, plantarum solitariis, testa ovata.

Linn. p. 350. *Scb.* Mus. 1. Tab. 80. Fig. 9. Borowski Naturgesch. Th. 4. S. 15. Taf. 145. *Houtt.* 1. D. VI. St. p. 13. Tab. 50. Fig. 1. 2. 3.

Sie ist hier zu Lande weniger allgemein, weßhalb die meisten von andern Orten gekauft, und hierher in dazu angelegte Teiche unweit des Seestrandes, gebracht werden, wo sie länger genährt und unterhalten werden können; doch muß man genau nachsehen, daß der Damm so hoch über dem Wasser aufgeführt worden, daß die Schildkröte nicht hinüber kriechen und seewärts gehen kann. Die Engländer nennen sie *Turtle* und schätzen sie sehr, weshalb sie selten anders als von den Vornehmern und bey großen Gastmahlen gegessen wird.

Der Geko. *Lacerta Geko* cauda tereti mediocri, digitis muticis subtus lamellatis, corpore verrucoso, auribus concavis.

Linn. p. 365. *Houtt.* I. D. VI. St. p. 152. Tab. 51. Fig. 6.

Man nennt ihn Salamander, und er soll sich zu gewissen Jahreszeiten in den Häusern finden. Die Einwohner halten ihn für weit giftiger als den Scorpion.

Der Leguan oder die Kammeidechse. *Lacerta Iguana* cauda tereti longa, sutura dorsali dentata, crista gulae denticulata.

Linn. p. 366. *Seb.* Mus. 1. Tab. 98 Fig. 1. etc. Borowski Naturgesch. Th. 4. S. 59. Taf. 156. *Houtt.* I. D. VI. St. p. 168. Tab. 52. Fig. 2.

Vor

Vor mehrern Jahren war diese große Eidechse auf der Insel allgemein, jetzt aber, nachdem das Land mehr entblößt und urbar gemacht worden, ist sie selten, welches daher kommt, daß sie gefangen und besonders von den Negern gegessen wird. Sie findet sich jetzt auf der kleinen Insel la Fourchue, und die größte, welche ich sahe, war zwey Fuß lang und kostete $\frac{1}{2}$ Rthlr. Spec.

Coluber scutis abdominalibus 192, squamis caudalibus 98, ist die einzige Schlange, welche ich auf der Insel sahe. Sie war zwischen drey und vier Fuß lang, der Körper in Ansehung der Länge schmal, auf dem Rücken dunkelgrau, unter dem Bauche etwas heller, hatte im Maule keine merkliche Giftzähne; die Zähne waren alle klein und in einer Reihe in jeder Kinnlade befestigt. Ohnerachtet die Farbe sehr abwechselt, so kommt sie doch in der Anzahl der Schilder und Schuppen, C. Triscalis (*Linn.* Syst. Nat. p. 385. n. 282.) am nächsten.

Der brasilianische Rochen. *Raja Narinari* corpore laevi, supra chalybeo, maculis albis nummerosis.

Kongl. Svenſka Vet. Acad. Nya Handl. 1790. p. 218. Tab. 10.

Markgraf iſt der erſte Autor, welcher ſo viel ich weis, zuerſt dieſes Rochens erwähnt, welchen er an den Küſten von Braſilien fand, wo die Einwohner ihn Narinari nennen; nachher hat Fr. Willughby (Historia Piscium. p. 66. Tab. C. 1. Fig. 5.) eine Beſchreibung und eine weniger deutliche Abbildung davon gegeben. Ich ſah einige von dieſen Rochen, welche mit Netzen in dem Hafen Carenage bey Guſtavia gefangen wurden. Ihr Körper war auf der untern Seite weiß, und auf der obern ſtahlfarbig, mit vielen runden und weißen Flecken von der Größe eines Stüvers überſtreuet. Der Schwanz war drey mal länger als der Körper, und glich einer Reitruthe, wozu er auch gebraucht ward; er hatte an der Wurzel eine Floſſe (pinna) und an dieſer zwey Zacken, von welcher der äuſere doppelt länger war als der innere; ſie glichen auf zwey Seiten einer Säge mit rückwärtsliegenden Zähnen, und wurden für giftig gehalten, weshalb die hieſigen Fiſcher ſich eben ſo ſehr fürchten

fürchten, von diesen Zacken verletzt zu werden, als einige Fischer in Bohus Län oder an der schwedischen Gränze vor dem Petermännchen (*Fjässing*, Trachinus Draco *Linn.*). Wenn etwas, zufälligerweise oder aus Unvorsichtigkeit, von ihnen verletzt oder gestochen wurde, so schwoll es mit den schrecklichsten Schmerzen, und gleichsam wie von der größten Vergiftung, auf. — Die Größe war verschieden; der kleinste den ich sahe, war $2\frac{1}{2}$ Fuß breit, und der größte etwas über fünf. Das Fleisch wird gegessen und ist weiß; die Zubereitung geschieht hier auf die nämliche Weise wie bey Gothenburg, wo man frische Rochen ißt. Die hiesigen Engländer nennen ihn Sting-Fish.

Der Seeteufel oder die Seekröte. *Lophius Histrio* compressus.
Linn. p. 403.

Dieses kleine unbedeutende Seethier war im Hafen Carenage nicht selten.

Das alte Weib. *Balistes Vetula* pinna dorsali anteriore triradiata, ventrali longitudinali, caudali bifida.

Linn.

Linn. p. 406. *Seb.* Muſ. 3. Tab. 24. Fig. 14. *Houtt.* I. D. VIII. St. p. 459. Tab. 68. Fig. 2. Blochs Nat. der ausl. Fiſche. Th. 2. S. 22. Tab. 150.

Es war allgemein, und wurde ſowohl mit Angelhaken, als in Fiſchreuſen, welche an den Klippen 6, 7, 8 oder mehrere Faden tief gelegt wurden, gefangen. Sein Fleiſch war eßbar, und hatte keinen widrigen oder unangenehmen Geſchmack, ſo viel ich bemerken konnte und mir erzählt wurde.

Der Pflockſchwanz oder Kropffiſch. *Oſtracion Bicaudalis* trigonus, ſpinis ſubcaudalibus 2, pinna dorſali radiis decem.

Linn. p. 408. *Seb.* Muſ. Tab. 24. Fig. 3. *Houtt.* I. D. VIII. St. p. 471 Tab. 68. Fig. 3. *Bloch.* Th. 2. S. 103. Tab. 132.

Hr. Prediger Dahlman führt ihn in ſeiner Beſchreibung der Inſel St. Barthelemi S. 28. unter dem Namen des Hornfiſches auf. Von dieſem Geſchlecht dürften ſich hier mehrere Abarten und Species finden.

Der Haſenkopf. *Tetrodon Lagocephalus* abdomine aculeato, corpore laevi, humeris prominentibus.

Linn.

Linn. p. 410. *Seb.* Muſ. 3. Tab. 23. Fig. 9. *Houtt.* I. D. VIII. St. p. 480. Tab. 68. Fig. 5.

Der geſtreifte Stachelbauch. *Tetrodon Lineatus* faſciis longitudinalibus fuscis pallidisque.

Linn. p. 411. *Houtt.* I. D. VIII. St. p. 483. Bloch. Th. 1. S. 128. Taf. 141.

Dieſe zwey Sorten waren allgemein; ſie folgten gewöhnlich mit dem Netz ans Land. Wenn ſie ſich aufbliesen, waren ſie wenig größer als gewöhnliche Hühnereyer.

Der Stachelfiſch, Guara. *Diodon Hystrix* oblongus, aculeis teretibus.

Linn. p. 413. *Seb.* Muſ. 3. Tab. 23. Fig. 3. *Houtt.* I. D. VIII. St. p. 502. Tab. 70. Fig. 3. Bloch. Th. 1. S. 69. Taf. 126.

Dieſes iſt derſelbe, welchen Hr. Prediger Dahlman in ſeiner Beſchreibung ꝛc. Skinfisk nennt, und glaubt, daß er giftig ſey; aber mir wurde berichtet, daß er eßbar ſey, welches ich auch bey den Negern beſtätigt ſahe.

Fische.

Die Muräne. *Muraena Helena* pinnis pectoralibus nullis.

Linn. p. 425. *Houtt.* I. D. VII. St. p. 83. Tab. 57. Fig. 1, 2. **Bloch.** Th. 2. S. 31. Taf. 152.

An steinigen Stränden und Oertern war dieser Aal hier sehr allgemein; man fischte ihn mit Angelhaken, an welchen Bissen von Fleisch oder Fisch befestigt wurden. Im Maule hat er sehr starke und scharfe Zähne, mit welchen er seine Feinde beißt und verwundet, weshalb sich die Fischer sehr vor seinen Biß fürchten, welchen sie eben so giftig wie den Biß einer Schlange ansehen. An Größe ist dieser Aal gewöhnlich 1½ oder 2 Fuß lang. Das Fleisch wird gegessen, welches fett und wohlschmeckend ist.

Conger, Conderill oder Meerschlange nennt man eine Art großer Aale (Muraena), welche mit Angeln weiter vom Lande gefangen wird, die in Ansehung der Species wenig von dem vorigen unterschieden ist. In der Gegend des Zuckerhuts und mehrern Inseln oder Klippen war er ziemlich gemein, und

und biß in einer Tiefe von 8 oder 10 Faden an. Der Körper war oft 5 oder 6 Fuß lang, weniger gefleckt, und grünlicher als der vorige. Im Maule war er mit schweren Zähnen, gleich dem vorigen, bewaffnet, mit welchen er sich durch Beißen zu vertheidigen suchte. Ich sahe mehreremale, wenn man einen solchen fing, wie er um sich biß, und gleichsam die Füße und Beine der Leute im Boote suchte, weshalb man ihn gleich tödten mußte. Das Fleisch war eßbar, aber weniger wohlschmeckend als das des vorhergehenden.

Der Persianer. *Chaetodon nigricans cauda subbifida, spinis pinnae dorsalis 9, spina laterali utrinque Caudae integrae.*

Linn. p. 462. *Houtt.* I. D. VII. St. p. 362. Bloch. Th. 3. S 82. Taf. 203.

Diesen Fisch nennen die Einwohner the Doctor, welcher mit Reusen gefischt wurde, die man in die See auf einigen Untiefen in der Gegend des Zuckerhuts und anderer Klippen legte. Er war sehr schmackhaft, und wurde fast täglich entweder gekocht oder gebraten, verspeißt. An Größe war er zwischen 6 oder 8 Zoll lang.

Die

Die Haarschuppe. *Chaetodon Ciliaris* cauda integra, spinis pinnae dorsalis 14, operculis spinosis, squamis ciliatis.

Linn. p. 465. *Houtt.* I. D. VII. St. p. 371. Bloch. Th. 3. S. 111. Taf. 214.

Wird in Reusen, zugleich mit dem vorigen, gefangen. Das Fleisch ist wohlschmeckend und wird besonders gebraten gegessen.

Der Schwarzflosser. *Chaetodon Teira* fasciis tribus nigris, pinna dorsali analique longissimis.

Bloch. Th. 3. S. 65. Taf. 199.

Wurde auf eben die Weise wie der vorige gefangen und verspeißt.

Der zweyfarbige Klippfisch. *Chaetodon Bicolor.*

Bloch. Th. 3. S. 94. Taf. 206.

Wurde seltner gefunden als der vorige, mit dem er an Größe und Geschmack verglichen werden kann.

Der curacaosche Klippfisch. *Chaetodon Curacao* spinis dorsalibus tredecim duobusque in pinna ani.

Bloch. Th. 3. S. 106. Taf. 212. Fig. 1.

Findet

Findet sich allgemein an steinigen Stellen am Seestrande; man fängt ihn in Reusen und mit Angeln. Er ist nicht groß, aber wohlschmeckend.

Das Pfauenauge. *Chaetodon Ocellatus* fascia oculari, aculeis duodecim ocelloque in pinna dorsali.

Bloch. Th.3. S.105. Taf.211. Fig.2.
Er ist klein und selten, und sein Fleisch eßbar.

Der bengalische Klippfisch. *Chaetodon Bengalensis* fasciatus, aculeis dorsalibus tredecim duobus in pinna ani.

Bloch. Th.3. S.110. Taf.213. Fig.2.
Findet sich an steinigen Stränden, und wird daselbst gefangen. Das Fleisch ist wohlschmeckend und wird gegessen. Dieses Geschlecht der Klippfische (Chaetodon) ist nicht nur mit einem wohlschmeckenden Fleische begabt, welches den Einwohnern zur Speise dienen kann, sondern es ist auch oft mit den allerhöchsten und schönsten Farben geziert, welche das Auge vergnügen können, und oft den nachläßigen Menschen anlocken, mit Neugierde die Wunderwerke des Schöpfers zu betrachten.

Der Schweinsrücken. *Labrus Suillus* cauda integra, pinna dorfali 17 radiata, radiis 8 anterioribus libris, maxilla fuperiore longiore apice dentibus 4 majoribus; inferiori apice dentibus 2 prominentibus.

Borowski Naturgeſch. Th. 5. S. 100. Taf. 207.

Dieſer Fiſch muß nicht mit dem Schweinsrücken (Labrus Suillus *Linn.* p. 476. oder Sparus Bergſnyltra in Itin. Weſtgoth. p. 179.) *) verwechſelt werden, von welchem er dem Geſchlecht und der Art nach, verſchieden iſt. Er wird mit meſſingenen Angeln die mit einem rothen Lappen verſehen ſind, und die man am Boote hinter ſich her ſchleppen läßt (Drag), weit von der Küſte gefangen. Er war 1' bis 2 Fuß lang und ſehr fett, beſonders der Kopf; er wurde auf mehrere Arten zubereitet und verſpeißt.

Der Jacob Evertſens Fiſch, oder der gefleckte Barſch. *Perca maculoſa* pinnis dorſalibus unitis, corpore punctis rubris variegato, cauda integra.

Perca

*) Eine Art Lippfiſche.   Blumhof.

Perca maculosa. *Seb.* Muſ. 3. p. 75. Tab. 27. Fig. 6. *Houtt.* I. D. VIII. St. p. 20. Tab. 63. Fig. 1.

Man angelt ihn auf 9 oder 10 Faden Tiefe in der Gegend des Zuckerhuts und anderer Klippen, er hat ein wohlschmeckendes Fleisch, und wird für eine der besten Arten Fische, welche sich hier finden, gehalten; in der Länge hält er meistens 1 Fuß und etwas darüber.

Der Sogo. *Perca Holocentrus* pinnis dorsalibus subunitis, capite spinoso, corpore compresso argenteo, lineis aureis vel rubro virescentibus, longitudinaliter utrinque lineato, cauda bifida.

Holocentrus *Seb.* Muſ. 3. p. 73. Tab. 27. Fig. 1. Holocentrus Sogo. **Bloch**. Th. 4. S. 61. Taf. 232.

Findet sich um den Klippen und auf Untiefen, wird sowohl in Reusen, als mit der Angel zugleich mit dem vorigen gefangen. Sein Fleisch wird gegessen, ist aber trockner als das des letztgenannten.

Die Bastardmakrele. *Scomber Trachurus* pinnulis unitis, spina dorsali recumbente, linea laterali loricata.

Linn. p. 494. *Houtt.* I. D. VIII. St. p. 67.

Die Pferdemakrele, oder der Pferdebrachsen *Scomber Hippos* pinnulis unitis, operculis postice macula nigra.

Linn. p. 494.

Diese wurde mit Angelhaken gefangen, und war die einzige von diesem Geschlecht, welche ich untersuchte, ohnerachtet mehrere Arten davon hier am Strande existiren, u d gefangen werden. Das Fleisch schmeckt wie Makrelen, und wird gegessen.

Der Rothbart, oder die Meerbarbe. *Mullus Barbatus* cirris geminis, corpore rubro.

Linn. p. 495.

Fand sich im Hafen Carenage bey Gustavia, doch selten.

Der fliegende Fisch. *Trigla Volans* digitis vicenis membrana palmatis.

Linn. p. 498. *Houtt.* I. D. VIII. St. p. 89. Tab. 63. Fig 5.

Findet

Findet sich im Sunde zwischen St. Barthelemi und St. Martin.

Der Trompeten- oder Chinesische Röhrfisch. *Fistularia Chinensis.*

Linn. p. 515. Nro. 1. *Houtt.* I. D. VIII. St. p. 228. Pl. 65. Fig. 1.

War hier im Hafen nicht selten.

Der Pfeilhecht. *Esox Sphyraena.*

Linn. p. 515. Nro. 1. Fr. *Willughby* Hist. Piscium. p. 273. Tab. 2. *Houtt.* I. D. VIII. St. p. 231.

Der Schnepfisch. *Esox Hepsetus.*

Linn. p. 517. n. 7. *Houtt.* I. D. VIII. St. p. 249. pl. 65. fig. 2. *Willughby.* p. 231. Tab. P. 2. fig. 4.

Die Elephantennase, oder der Timucou. *Esox Brasiliensis.*

Linn. p. 517. *Houtt.* I. D. VIII. St. p. 253. Tab. 65. fig. 3.

Diese drey Arten waren im Hafen allgemein, und wurden mit großen Zugnetzen oder Wathen gefangen; sie sind alle eßbar.

Der Eidechsfisch. *Elops Saurus.*

Linn. p. 518. Nro. 1.

wurde

wurde mit Wathen im Hafen bey der Stadt gefischt; er glich an Größe, Gestalt, Ansehen und Geschmack unserm gemeinen Schnäpel oder Weißfisch (Salmo Lavaretus *Linn.* p. 512.) unterschied sich aber davon, daß er keine Fettflossen (pinna adiposa) auf dem Rücken hatte, welche der Schnäpel und die übrigen seines Geschlechts haben.

Palacutta nannte man einen Fisch, welcher einem Hecht glich; er hatte seinen Aufenthalt unter den im Hafen liegenden Schiffen, war sehr gefräßig, so daß man kaum etwas für ihn zum Fressen passendes in die See werfen konnte, was er nicht aufschnappte, ehe es zu Boden sinken konnte. Er hatte auf dem Rücken und an den Seiten gewisse Reihen mit Höckern, worin er einem Stör (Acipenser) gleich kam; aber die Haushaltung gab zu erkennen, daß es der Schildhecht (Esox Osseus L.) war. Bey meiner Anwesenheit wurde kein solcher gefischt. Dieses geschieht sonst gemeiniglich mit Dargen, doch kann es auch geschehen, daß er auf größern Angeln mit frischem Fleische, oder noch besser mit Eingeweiden von Fischen, anbeißt.

Insekten.

Insekten.

Der amerikanische Scorpion. *Scorpio Americanus* pectinibus 14 dentatis, manibus subciliatis, digitis filiformibus.

Linn. p. 1038. *Houtt.* I. D. XIII. St. p. 290. Tab. 103. fig. 2. *Fabr.* Syst. Entom. p. 399. *Sultz.* Insect. Tab. 30. fig. 7.

Findet sich in den Häusern.

Cancer Thunborgii brachyurus, thorace hispido utrinque dentato, fronte octo dentata, manibus angulatis spinosis scabris.

Thorax magnitudine formaque C. pelagici hispidus, latior quam longus utrinque novem dentatus seu spinosus, spinis alternis majoribus apice nigris.

Rostrum inter Oculos Brevissimum octo dentatum dentibus apice nigris.

Cauda inflexa, aphylla.

Brachia thorace longiora, angulata, antice spinis quatuor, apice nigris armata.

Manus Septem Angulata, angulis tuberculocis, quatuor Spinosa, Spina 1: ma extra ad Bafin, 2.3.4. fupera inter bafin pollicemque.

Digitus longitudine ⅔ manus quinque fulcatus, fuberectus, introrfum in aequaliter dentatus, dentibus apiceque nigris.

Pollex Similis digito, Septem fulcatus.

Pedes inermes octo, ancipites, latiusculi fulcati, utrinque ciliati.

Digiti 3. Primorum parium enfiformis Digitus ultimi paris ovatus, membranacefis.

Findet sich im Hafen bey Guftavia, ist einer der seltnern, und sein Fleisch wird gegessen. (Erhalten vom Past. Thunborg, damaligem Prediger auf St. Barthelemi.)

Cancer Grapfus brachyurus, thorace ftrigis lateralibus, fronte retufa.

   Linn. p.1048. Nro.53. Amoen. Acad. T.IV. p.252. Tab.3. fig.10. *Seb.* Muf. T.III. Tab.18. fig.5. *Houtt.* I. D. XIII. St. p.356.

Findet sich allgemein auf den Klippen um die Insel. Wenn man sich ihnen nähert, so springen sie mit der größten Schnelligkeit hinunter, und stürzen sich entweder ins Meer,

          oder

oder kriechen in die Bergritzen und verbergen sich; man findet sie nicht selten todt auf den Bergen liegen. Wenn sie getrocknet sind, werden sie so zerbrechlich, daß man sie kaum anrühren kann, ohne daß sie zerfallen.

Der Meerkrebs. *Cancer Pelagicus* brachyurus, thorace laevi, utrinque unispinoso, fronte sexdentata, manibus multangulo prismaticis.

Linn. p. 1042. n. 19. *Houtt.* I. D. XIII. St. p. 332. Cancer pelagicus thorace laevi utrinque unispinoso, antice octodentato, fronte sexdentata, manibus multangulo prismaticis. *Fabr.* Syst. Entomol. p. 404. n. 21. Sp. Inf. p. 500. n. 22.

Cancer Pelagicus thorace lato utrinque unispinoso, lateribus utrinque octodentatis, fronte sexdentata, manibus elongatis multangulis, pedibus posticis dilatato foliaceis.

De Geer Inf. T. 7. p. 427. 3. Tab. 26. fig. 8 — 11.

Findet sich allgemein unter den Seegewächsen bey Gustavia und wird von den ärmern Einwohnern gegessen.

Cancer ruricola brachyurus, thorace laevi integerrimo: antice retufo, pedum articulis ultimis penultimisque undique fpinofis.

Linn. p. 1040. n. 11. *Houtt.* I. XIII. St. p. 325.

Cancer ruricola thorace laevi, pedum primo articulo fpinofo, fecundo tertioque Fasciculato pilofis.

Fabr. Syft. Ent. p. 401. n. 4. Sp. Inf. p. 496. 4. *Seb.* Muf. T. III. Tab. 20. fig. 4.

Die Landkrabbe. *Cancer ruricola*.

Borowski Naturgefch. Th. 8. S. 161. Taf. 82. fig. 1.

Findet fich in Menge am Strande, auch auf den Straßen in Guftavia und an mehrern Stellen, befonders unter dem Mancinellbaume. Sie graben fich Löcher in die Erde, in welche fie ihre Zuflucht nehmen, wenn fich ihnen Jemand nähert. Des Nachts und gleich nach einem Regen gehen fie aus, aber entfernen fich von ihren Löchern nicht weiter, als daß fie wieder dahin laufen können, wenn fie Jemanden gewahr werden. Diefe wurden von den Einwohnern gefammelt und gegeffen.

Der

Der Diogenes. *Cancer Diogenes* Parafiticus, chelis laevibus pubescentibus finiftra majore.

Linn. p. 1049. n. 58. *Rumph.* Thef. Tab. 5. fig. K. L. *Houtt.* I. XIII. St. p. 368.

Findet sich an den Stränden, hat beständig seine Wohnung in Schneckenschaalen von dem Riesenohr oder dem Soldaten (Turbo Pica L.), welche am gemeinsten ist.

Die Seeheuschrecke. *Cancer Homarus* macrourus, thorace antrorfum aculeato, fronte bicorni, manibus adactylis.

Linn. p 1053. *Houtt.* I. XIII. St. p. 424. Tab. 105. fig. 1. Borowski Naturgesch. Th. 8. S. 178. Taf. 363. Squilla, Crangon, Americana altera *S. b.* Muf. T. III. p. 54. Tab. 21. Fig. 5. Locufta Marina indica. *Rumph.* Thefaur. T. I, fig. A. Aftacus Homarus antennis pofticis bifidis, thorace antrorfum aculeato, fronte bicorni, manibus adactylis. *Fabricii* Sp. Infect. p. 510. n. 3.

Findet

Findet ſich überall am Strande, und wird in Reuſen gefangen; man iſt ihn auf gleiche Weiſe wie den Hummer (Cancer Gammarus), er iſt ſehr wohlſchmeckend, und übertrift nicht ſelten unſern ſchwediſchen Hummer an Gröſſe.

Der Bärenkrebs. *Cancer Arctus* macrourus, thorace antrorſum aculeato, fronte diphylla, manibus ſub adactylis.

Linn. p. 1053 n. 75. *Houtt.* I. XIII. St. p. 427. Urſa Cancer, ſeu ſquilla lata. *S. b.* Muſ. T. III. p. 50. Tab. 20. fig. 1. *Rumph.* Thef. Tab. 2. fig. C. Cancer (Arctus). Borowski Naturgeſch. Th. 8. S. 179. Taf. 364. Cancer (Arctus) *Sulz.* Hiſt. Inſ. p. 265. Tab. 31. Scyllarus (Arctus) antennarum Squamis ciliato aculeatis. *Fabr.* Syſt Ent. p. 413. Sp. Inſ. p. 509.

Findet ſich am Strande, weniger allgemein als der vorige und wächſt bis 1 Fuß lang. Die Einwohner ſagen, daß ſein Fleiſch ſehr wohlſchmeckend ſeyn ſoll.

Nackte Würmer (Blötmaſkar).

Die verhaarende Seelunge. *Laplyſia depilans.*

Linn.

Linn. p. 1082. *Houtt.* I.D. XIV.St. p. 190. Tab. 108. fig. 1.

Findet sich überall am Strande im Hafen Carenage und an mehrern Stellen.

Das Besansseegel, oder der Physalus. *Holothuria Physalis* cirrhis difformibus filiformibus pendulis.

Linn. p. 1090. *Houtt.* I.D. XIV.St. p. 315. Tab. 110. fig. 5. a.b.

Findet sich fließend auf dem Wasser an der Küste.

Der Seegraskriecher. *Scyllaea Pelagicum.*
Linn. p. 1094. *Houtt.* I.D. XIV.St. p. 345. Tab. 3. fig. 1.

Findet sich allgemein an den Stränden im Sargasso (Fucus natans) und andern Seegewächsen.

Der Achtfuß. *Sepia Octopodia* ecaudata, tentaculis pedunculatis nullis.

Linn. p. 1095. *Houtt.* I.D. XIV.St. p. 352. Tab. 3. fig. 2.

Die Seekatze oder der Calmar. *Sepia Loligo* corpore subcylindrico subulato cauda ancipiti rhombea.

Linn.

Linn. p. 1096. *Houtt.* I.D. XIV. St. p. 387.

Findet sich auch hier am Strande.

Der Netzstern. *Asterias reticulata* stellata, radiis reticulato - aculeatis.

Linn. p. 1099. *Houtt.* I.D. XIV. St. p. 453. Der Knotenstern (Asterias nodosa). *Houtt.* p. 459. Tab. 113. fig. 3. gehört auch hierher.

Findet sich im Hafen bey Gustavia.

Der Schlangenschwanz. *Asterias ophiura* radiata, radiis quinque simplicibus, Stella orbiculata quinque loba.

Linn. p. 1100. *Houtt.* I.D. XIV. St. p. 466. *Seb.* Mus. III. Tab. 9. Fig. 5, 6, 7.

Findet sich überall am Strande der See.

Der Seeball. *Echinus esculentus* hemisphaericoglobosus Ambulacris denis; Areis obsolete verrucosis.

Linn. p. 1102. *Houtt.* I.D. XIV. St. p. 495. Abhandl. der schwedischen Akademie der Wissenschaften für 1786.

Findet sich überall am Strande, und wird mit Pfeffer und Essig gegessen.

Der Steinapfel. *Echinus saxatilis* hemisphaerico depressus, Ambulacris denis:

puri-

puribus aproximatis; Areis Longitudinaliter verrucoſis.

Linn. p. 1102. *Houtt.* I. D. XIV. St. p. 503. Tab. 114. fig. 1.

Ebenfalls am Strande.

Schnecken.

Die Schuppenmuſchel. *Chiton ſquamoſus* teſta octovalvi Semiſtriata, Corpore ſquamuloſo.

Linn. p. 1107. n. 5. M. L. U. p. 465. *Seb.* Muſ. T. 2. Tab. 61. fig. 6. Schröters Conchylienkabinet. Th. 3. S. 497. N. 5. *Houtt.* I. D. XV. St. p. 93.

Findet ſich auf den Klippen, wo die Brechungen der Wellen am brauſendſten ſind; ſie ſetzt ſich höher oder niedriger an, ſo wie das Waſſer ſteigt und fällt.

Das Punktirſchild. *Chiton punctatus* teſta octovalvi laevi, Corpore punctis excavatis.

Linn. p. 1107. n. 6. *Houtt.* I. D. XV. St p. 93. Tab. 116. Fig. 1. 2. Chiton Corpore punctato teſtis Octo. Amoenit. Acad. T. 4. p. 256. Chiton laevi.
Osbeck

Osbeck iter p. 62. *Seb.* Muſ. 3. Tab. 1. fig. 13. Schröters Conch. Th. 3. S. 499. N. 6.

Findet ſich auf Klippen und Steinen am Seeſtrande in Geſellſchaft mit der vorigen.

Die Meertulpe oder die See-Eichel. *Lepas Balanus* teſta conica ſulcata fixa, operculis acuminatis.

Linn. p. 1107. n. 10. M. L. U. p. 466. n. 2. *Houtt.* I. D. XV. St. p. 98. Tab. 116. Fig. 3. Balanus parvus Striatus. *Klein* Oſtr. p. 176. §. 449. n. 3. tab. 12. n. 94. 95. *Gualt.* Ind. Teſtar. Tab. 106. fig. P.

Findet ſich überall auf Klippen und Steinen am Strande.

Die ſtrahligte Tellmuſchel. *Tellina radiata* teſta oblonga longitudinaliter ſubtiliſſime ſubſtriata nitida, ſutura anali canaliculata.

Linn. p. 1117. n. 54. M. L. U. p. 481. Schröters Conch. Th. 2. S. 650. *Houtt.* I. D. XV. St. p. 212.

Findet

Findet sich am Strande in losen Schaalen im Sande, sehr selten aber mit zusammenhängenden Schaalen.

Die Dünnschaale. *Tellina fragilis* testa ovata alba gibba: Striis transversis decurvatis, natibus flavescentibus.

> *Linn.* p. 1117. n. 49. *Houtt.* I D. XV. St. p. 299. Tellina aequilatera, laevis, albida, in cardine purpurescens. *Gualt.* Tab. 77. Fig. N. Schröters Conch. S. 646. N. 6.

Findet sich am Strande um den Hafen bey Gustavia und an mehrern Stellen.

Das Mittelherz. *Cardium medium* testa subcordata subangulata valvulis sulcatis laevibus.

> *Linn.* p. 1122. M. L. U. 485. n. 34. *Houtt.* I. D. XV. St. p. 227.

Findet sich bey Curacao-Bay.

Der Strahlkorb. *Mactra Stultorum* testa subdiaphana obsolete radiata, intus purpurascente, vulva gibba.

> *Linn.* p. 1126. n. 99. *Houtt.* I. D. XV. St. p. 244.

Findet sich an den Seesträngen um die Insel.

Das alte Weib. *Venus Paphia* testa subcordata, rugis incrassatis, pube rugis attenuatis labiis complicatis.

Linn. p. 1129. n. 113. *Bonanni* recreat. II. p. 108. Fig. 75. *Rumph.* Thes. Tab. 48. Fig. 5. *Gualt.* tab. 85. Fig. A. Schröters Conch. Th 3. S. 110. N. 2. *Houtt.* I. D. XV. St. p. 225.

Findet sich am Seestrande bey Curacao-Bay und an mehrern Stellen.

Die Bastardvenus. *Venus Marica* testa subcordata decussatim striata, pube lamellosa.

Linn. p. 1130. n. 114. M. L. U. p. 497. n. 56. *Houtt.* I. D. XV. St. p. 256.

Findet sich viel am Strande um den Hafen Carenage, und an mehrern Stellen des Landes.

Die Gittervenus. *Venus Cancellata* testa subcordata, Striis transversis, membranaceis remotis, ano cordato.

Linn. p. 1130. n. 118. *Houtt.* I. D. XV. St. p. 258. Venus Ziczac testa lentiformi, Striis transversis membrana branaceis erectis. M. L U. p. 506. n. 71. *Gualt.* Tab. 88. Fig A.

Findet sich am Strande in den Meerbusen.

Die gezackte Lazarusklappe *Spondylus Gaederopus* testa subaurita spinosa.

Linn. p. 1136. n. 151. *Seb.* Mus. T. III. Tab. 89. Fig. 4. 7. 8. Schröters Conch. Th. 3. S. 203. N. 1. *Houtt.* I. D. XV. St. p. 277.

Findet sich am Strande auf der nordöstlichen Seite der Insel.

Die Arche. *Arca Noae* testa oblonga Striata apice emarginata, natibus incurvis remotissimis, margine integerrimo hiante.

Linn. p. 1140. n. 169. M. L. U. p. 517. n. 90. *Houtt.* I. D. XV. St. p. 307. *Rumph.* Thes. Tab. 44. fig. P. *Gualt.* Ind. Testar. Tab. 87. fig. H. I. G.

Findet sich lebendig an den Bergklippen.

Die Bastardarche. *Arca Antiquata* testa oblique cordata multisulcata sulcis muticis, natibus recurvis margine crenato.

Linn. p. 1141. n. 174. M. L. U. p 518. n. 91. *Gualt.* Tab. 87. fig. C. Schrö-

ters Conch. Th. 3. S. 266. N. 7.
Houtt. I. D. XV. St. p. 311.

Findet sich im Sande bey Curacao-Bay, ist allgemein, nur mit der Unbequemlichkeit, daß man unter 100 Schaalen kaum zwey findet, welche gepaart gewesen.

Die **Kerbenmuschel.** *Mytilus exustus* testa Striata ventre angulato, margine crenato.

Linn. p. 1156. n. 250. M L U. p. 540. n. 134. *Houtt.* I D XV. St. p. 407.

Findet sich in solcher Menge am Strande bey Carenage, daß sie alle Steine bekleidet.

Der graue **Maulwurf.** *Cypraea Zebra* testa turbinata cinerea, fasciis fuscis.

Linn. p. 1174. *Seb.* Muf. T. III. Tab. 76. fig. 4 5. *Houtt.* I.D XV. St. p. 94.

Findet sich abgenutzt und zerschlagen, bey Columbier-Bay, und ist selten.

Die **Laus.** *Cypraea Pediculus* testa marginata transversim sulcata.

Linn. p. 1180. n. 364. M. L. U. p. 582. n. 211. *Gualt.* Tab. 14. fig. O. P. Tab. 15. fig. P. R. Schröters Conch. Th. 1. S.

S. 129. N. 40. *Houtt.* I. D. XV. St. p. 115.

Findet sich im Sande am Strande der See.

Der Wulst. *Bulla gibbosa* testa angulata cingulo elevato.

Linn. p. 1183. n. 374. M. L. U. p. 585. n. 218. *Gualt.* Tab. 15. fig. 3. *Seb.* Muf. III. Tab. 55. Fig. 18. Schröters Conch. Th. 1. S. 170. N. 6. *Houtt.* I. D. XVI. St. p. 124.

Findet sich auf mehrern Stellen am Strande der See.

Das Kiebitzey. *Bulla ampulla* testa rotundata opaca, vertice umbilicato.

Linn. p. 1183. n. 378. M. L. U. p. 586. n. 220. *Houtt* I. D. XVI. St. p. 126. Schröters Conch. S. 174. N. 10. *Seb.* Muf. III. Tab. 38. Fig. 34. 44. *Gualt.* Ind. Teft. Tab. 18. fig. H.

Findet sich am Strande.

Das brütende Täubchen. *Voluta mercatoria* testa emarginata ovata Striata, Spira obtusata, columella retusa dentata; labro gibbo denticulato.

J 3 *Linn.*

Linn. p. 1190. n. 409. *Bonanni* Récreat. Claff. III. Fig. 36. *Gualt.* Tab. 43. fig. L. *Adanfons* Hift. du Sénégal. p. 137. Tab. 9. fig. 29. *Houtt.* I. D. XVI. St. p. 152.

Findet sich im Sandstrande rings um die Insel bey Curacao=Bay und St. Jean.

Der **Olivenkern** oder der **kleine Bauer**. *Voluta ruftica* tefta emarginata laeviuscula, Spira prominula, columella retufa, denticulata, labro gibbo denticulato.

Linn. p. 1190. n. 410. *Gualt.* Tab. 43. fig. G. H. *Houtt.* I. D. XVI. St. p. 152. *Adanfons* Hift. du Sénégal. p. 135. Tab 9. Fig 28.

Findet sich im Sande am Meerstrande.

Die **Knotensturmhaube**. *Buccinum tuberofum* tefta cingulis duobus tuberculofis, cauda recurva.

Linn. p. 1198. n. 447. M. L. U. p. 602. n. 248. *Gualt.* Tab. 41. Schröters Conch. Th. 1. S. 317. N. 10. *Houtt.* I. D. XVI. St. p. 199.

Findet

Findet sich überall an den Stränden; seine Schaale ist oft so groß als ein Menschenkopf, und meistens gegen den Strand und von Steinen zerschlagen.

Der Weitmund. *Buccinum Patulum* testa muricata, labro extus crenato, columella sulcata.

Linn. p. 1202. n. 465. M. L. U. p. 610. n. 263. *Bonanni* Récreat. p. 164. fig. 368. *Gualt.* Tab. 51 fig D. E. Schröters Conch. Th. 1. S. 335. N. 28. *Houtt.* I. D. XVI. St. p. 214.

Findet sich lebendig an den Stränden auf Steinen, welche im Wasser liegen. Seine Schaale findet man überall an den Strand ausgeworfen.

Die gezackte Schweizerhose. *Strombus Gigas* testa labro rotundato maximo, coronata, ventre spiraque Spinis conicis patentibus.

Linn. p. 1210. n. 504. *Gualt.* Tab. 34. Schröters Conch. Th. 1. S. 436. N. 17. *Houtt.* I. D. XVI. St. p. 261. Tab. 123. fig. 1.

Findet sich auf dem Strande am Hafen bey Gustavia, und an mehrern Stellen in den Meerbuchten, allgemein.

Das dreyeckigte Kinkhorn, Fußhorn. *Murex femorale* testa varicibus decussatis frigona rugosa, antice nodulosa, apertura edentula, antice transversa.

 Linn. p. 1217. n. 531, M. L U. p. 630. n. 300. *Gualt.* Tab. 50. fig. C. *Seb.* Mus. Tom. III. Tab. 63. fig. 7. 8. Schröters Conch. Th. 1. S. 494. N. 14. *Houtt.* I. D. XVI. St. p. 294.

Findet sich am Strande in den Meerbuchten am Lande.

Die getrocknete Birne. *Murex Pileare* testa varicibus decussatis subnodoso-rugosa, apertura dentata, cauda subascendente.

 Linn. p. 1217. n. 534. *Gualt.* Tab. 49. fig. A. G. Schröters Conch. Th. 1. S. 493. Tab. 3. fig. 3. *Houtt.* I. D. XV. St. p. 297.

Findet sich am Seestrande im Sande, bey der französischen Kirche.

Die gezackte Maulbeere. *Murex Hystrix* testa ecaudata, spinis acutis, apertura edentula repanda.

Linn. p. 1219 n. 543. M. L. U. p. 635. n. 310. *Seb.* Mus. III. Tab. 52. fig. 28. 29. Schröters Conch. Th. 1. S. 505. N. 26. *Houtt.* I. D. XVI. St. p. 304.

Findet sich lebendig an Klippen und großen Steinen am Meerstrande; ihre Schaale war größtentheils mit einer röthlichen Kalkrinde überzogen.

Die Tritonsschnecke. *Murex Tritonis* testa ventricosa, oblonga laevi, anfractibus rotundatis, apertura dentata, brevi.

Linn. p. 1222. n. 560. M. L. U. p. 642. n. 324. *Bonanni* Récreat. p. 136. fig. 188. *Rumph.* Thes. Tab. 28. Fig. B. et N. 1. *Gualt.* Tab. 48. fig. A. *Seb.* Mus. 3. Tab. 81. Schröters Conch. S. 525. N. 44. *Houtt.* I. D. XVI. St. p. 321.

Findet sich abgenutzt und zerschlagen am Strande.

Die Achatenbirne. *Murex Tulipa* testa ventricosa oblonga laevi, anfractibus rotundatis,

datis, futura geminata; apertura uniplicata, cauda patula Striata.

> *Linn.* p. 1223. n. 562. *Bonanni* Récreat. III. p. 136 fig. 187. *Rumph.* Thef. Tab. 49. fig. H. *Gualt.* Tab. 46. fig. A. *Seb.* Muf. III. Tab. 71. fig. 23. 24. 25. Schröters Conch. S. 527. N. 46. *Houtt.* I. D. XVI. St. p. 324.

Findet sich am Strande der nordöstlichen Seite der Insel.

Die Reißbreymondschnecke. *Turbo Muricatus* testa umbilicata sub ovata acuta cincta Striis punctis eminentibus, margine columnari obtusiusculo.

> *Linn.* p. 1232. n. 608. *Adanfons* Hist. du Sénégal. II. p. 171. Tab. 12. fig. 2. *Gualt.* Tab. 45. fig. E. Schröters Conch. Th. 2. S. 7. N. 4. *Houtt.* I. D. XVI. St. p. 368.

Findet sich lebendig auf Steinen und Bergklippen.

Der Soldat oder das Riesenohr. *Turbo Pica* testa umbilicata conico rotundata laevi denticulo umbilicali.

Linn.

Linn. p. 1235. n. 622. M. L. U. p. 655. n. 346. Schröters Conch. Th. 2. S. 25. N. 18. *Gualt.* Tab. 68. fig. B. *Houtt.* I. D. XVI. St. p. 382.

Findet sich lebendig an den Stränden. Die Einwohner sammlen es in Menge, und essen es gebraten auf eben die Weise wie Austern (Ostrea edulis). Seine Schaalen finden sich in Menge über die ganze Insel, und besonders um die Häuser und Wohnplätze der Einwohner, welches beweißt, daß sie ehemals einen Theil der Speisen derselben ausgemacht haben.

Das Püppchen. *Helix Pupa* testa sub imperforata ovato-oblonga rudi, anfractibus Senis. apertura lunato oblonga.

Linn. p. 1248. n. 700. Schröters Conch. Th 2. S. 165. N. 46. *Houtt.* I. D XVI. St. p. 458.

Findet sich in den Wäldern überall auf der Insel; es sitzt nicht nur auf den Stämmen, sondern auch auf den Zweigen, und oft in den Gipfeln der höchsten Bäume.

Die Warzennerite. *Nerita exuvia* testa sulcata, labiis dentatis interiore tuberculato.
Linn.

Linn. p. 1255. n. 739. M. L. U. p. 682. n. 400. *Rumph.* Thef. Tab. 22. fig M. *Gualt.* Tab. 66. fig. C C. *Seb.* Muf. III. Tab. 59. fig. 4. 9. Schröters Conch. Th. 2. S. 303. N. 25.

Findet sich lebendig an Steinen und Klippen im Wasser am Seestrande.

Die Nerite von St. Barthelemi. *Nerita Barthelemenſis* teſta ſulcata ſulcis tredecim, labiis dentatis, labio exteriore margine crenato, intus Striato, interiore concaviusculo punctis elevatis rugoſo. Nerita teſta profundis et latis Striis ſulcata, utrinque dentata ex albo nigroque catenatim depicta. *Gualt.* Tab. 66. Fig. O. Schröters Conch. Th. 2. S. 355. N. 177. Teſta nuce avellanae $\frac{1}{2}$ minor, nigra maculis albis diformibus maculata, labio exteriore margine crenato intus ſtriato, verſus labium interius utrinque bidentato, labio interiore concavato punctis eminentibus rugoſo.

Findet sich lebendig an Steinen beym Strande an der Inſel.

Die

Die griechische Patelle. *Patella Graeca* testa ovata convexu, margine introrsum crenulato, vertice perforato.

Linn. p. 1262. n. 780. *Bonanni* Récreat. p. 90. fig. 6. *Gualt.* Tab. 9. fig. N. *Klein* Oſtr. Tab. 8. fig. 3. *Adanson* Tab. 2. fig. 7. Schröters Conch. Th. 2. S. 437. N. 34. *Houtt.* I. D. XVI. St. p. 544.

Findet sich an den Stränden bey Publique-Bay und an mehrern Stellen.

Die ſtachlicht geribbte Napfſchnecke. *Patella echinata* testa ovata sulcata lineis elevatis echinatis, vertice oblongo perforato.

Schröters Conch. Th. 2. S. 513. N. 168 Taf. 6. Fig. 12.

Findet sich lebendig auf den Bergklippen am Strande.

Korallen.

Die Gehirnkoralle. *Madrepora labyrinthiformis* simplex acaulis, stella repando labyrinthiformi, sutura obtusa.

Linn. p. 1274. n 10. Madrepora maeandrites conglomerata sessilis, anfractuofractuosis lamellis denticulatis. *Pall.* *Zooph.* p. 292. n. 171. *Houtt.* I. D. XVII. St. p. 121. n. 10. *Seb.* Muf. III. Tab. 112. fig. 1. 7. *Gualt.* Tab. 10. 29. 97.

Findet sich allgemein am Strande.

Der Irrgarten. *Madrepora maeandrites* simplex acaulis, stella repando labyrinthiformi sutura acuta.

Linn. p. 1274. n. 11. *Seb.* Muf. 3. Tab. 109. fig. 10. Tab. 111. fig. 7. 8. Tab. 112. fig. 2. *Gualt.* Tab. 51. *Houtt.* I. D. XVII. St. p. 123. n. 11.

Findet sich am Strande um die Insel.

Der Steinschwamm. *Madrepora Agaricites* composita acaulis sulcata: Sulcis carinatis, stellis concatenatis.

Linn. p. 1274 n. 13. Madrepora Agaricites concatenata crustacea polymorpha transversim sulcata, stellis per sulcos cerebris concatenatis. *Pall.* *Zooph.* p. 187. n. 167. *Seb.* Muf. III. Tab. 10. Fig 6. C. C. *Houtt.* I. D. XVII. St. p. 130. Tab. 127. Fig. 2.

Findet

Findet sich in kleinen Stücken an den Strand ausgeworfen.

Der Hohlstern. *Madrepora Cavernosa* composita, stellis immersis hypocrateriformibus: limbo striato, interstinctis sutura elevata.

Linn. p. 1276. n. 21. Madrepora Astroites aggregata, cylindris coadunatis, stellis cavis lamellosis, ambitu radiatis. *Pall.* Zooph. p. 320. n. 188. *Seb.* Muf. III. Tab. 112. fig. 19.

Findet sich an verschiedenen Stellen an den Stränden in großen Stücken, und wird auch zum Kalkbrennen gebraucht.

Die Kelchkoralle. *Madrepora calycularis* aggregata cylindris coadunatis, stellis excavatis centro prominulo.

Linn. p. 1277. n. 23. *Pall.* Zooph. p. 318. n. 186. *Seb.* Muf. III. Tab. 112. fig. 10. 21. *Houtt.* I. D. XVII. St. p. 140. n. 23. Tab. 27. fig. 4.

Findet sich am Seestrande, und ist weniger allgemein als die vorhergehenden.

Die

Die Dornkoralle. *Madrepora muricata* ramosa composita subimbricata, stellis oblique truncatis, prominentibus, adscendentibus.

Linn. p.1279. n.33. Madrepora muricata polymorpho ramosa creberrimis, cylindraceis prominulis. *Pall.* Zooph. p.327. n.149. var. A. *Houtt.* I. D. XVII.St. p.156. n.33. *Rumph.* Amb. 6. p.239. Tab. 86. Fig. 1. Lithodendrum calcareum. *Seb.* Mus. III. Tab. 114. fig. 1.

Findet sich allgemein an den Stränden.

Die caribische Sternkoralle. *Madrepora Caribaea* varietas praecendentis? polymorpho ramosa, ramis depressis planis vel concavis divaricatis horizontaliter extensis. Madrepora muricata.

Pall. Zooph. p.327. n.149. varietas g.
Houtt. I.D. XVII. p.157.

Corallium grande, cornu cervini forma; ramis latis, planis, poris innumeris tubulatis intus Stellatus.

Seb. Mus. III. p.209. Tab. 113.
Corallium porosum album, latissimum.

Sloan.

Sloan. Cat. p. 2. Hist. 1. p. 58. n. 5. Tab. 17. fig. 3.

Findet sich in Menge auf der nordöstlichen Seite der Insel, und wächst sehr groß; ihre Zweige sind oft 20 bis 30 Fuß lang, 6, 7 oder mehrere Fuß breit, platt und breiten sich horizontal unter dem Wasser aus. Diese Koralle besonders macht die Meerbusen an dieser Seite des Landes sehr untief, gefährlich und zum Besuchen mit Fahrzeugen unbequem. Man bricht sie, fischt sie auf und führt sie zu Lande, wo sie in Haufen zum Trocknen gelegt und nachher zu einem feinen und reinen Kalk gebrannt wird.

Die Elendshornartige Punktkoralle. *Millepora Alcicornis* ramosa compressa recta, poris sparsis obsoletis.

Linn. p. 1282. n. 1.

Millepora Alcicornis solida depressa polymorpha laevis, poris minutissimis obsoletis sparsis.

Pall. Zooph. p. 260. n. 161. *Houtt.* I. D. XVII. St. p. 176. n. 40. *Rumph.* Amb. 6. p. 243.

Lithodendrum saccharaceum album.

Findet sich lebendig auf den Boden des Meers am Lande.

Die Hornkoralle oder der Seefächer. *Gorgonia flabelium* reticulata, ramis interne compressis, cortice flavo.

  Linn. p 1293. n. 16.

Gorgonia flabellum reticulata, ramis creberrimis compressis, cortice flavescente laevi, poris simplicibus.

  Pall. Zooph. p. 169. n. 103. *Houtt.* I. D. XVII. St. p. 357. n. 16. Lithophytes. *Marsigli* Hist. mar. p. 100. Tab. 19. Fig 84.

Ceratophytum flabellum veneris Linnaei.

  Ellis cor. p. 61. Tab. 26. fig. K.

Spongia flabelliformis, nigra, fibris tenuissimis, rigidis.

  Seb. Mus. III. p. 183. Tab. 95. fig. 2. 4.

Findet sich auf dem Boden des Meers bey den Klippen am Lande; lebendig ist sie gelblich, aber wenn sie todt ist, und die äußere Rinde nachher abgenutzt worden, wird sie schwarz.

Das Feigenmoos. *Corallina opuntia* trichotoma. Articulis compressis subreniformibus.

> *Linn.* p. 1304. n. 1.

Corallina trichotoma articulata, articulis planis reniformibus concatenatis.

> *Pall.* Zooph. p. 420. n. 2.

Corallina latifolia et opuntia marina Cortusii.

> *Pluknet* Almag. p 118. Phythogr. Tab. 26. fig. 1. *Ellis* cor. p. 67. Tab. 25. fig. a. b. *Houtt.* I. D. XVII. St. p. 507. n. 1.

Findet sich auf M. Alcicornis und mehrern Korallen am Lande.

Pflanzen.

Das indianische Blumenrohr. *Cannæ indica* foliis ovatis utrinque acuminatis nervosis.

> *Linn.* Syst. Vegetab p. 50. Spec. plant. p. 1. *Houtt.* Nat. Hist. II. D. VIII. St. p. 4. *Aublet.* Plant. Gujan. p. 1. Katu-Bata *Rheed.* Hort. Mal. II. p. 85. Tab. 43. Cannacorus *Rumph.* Herb. Amb. 5. p. 177. Tab. 71. Fig. 2.

Auf St. Eustache. In dem Garten des Hrn. Dunkers wuchs es 3 oder 4 Fuß hoch, mit schönen Blumen.

Die weitschweifige Boerhavie. *Boerhavia diffusa* caule laevi diffuso, foliis ovatis.
  Linn. p. 52. Sp. pl. p. 4. *Houtt.* II. VII. St. p. 43.

Findet sich um und in den Baumwollenplantagen.

Die gestickte oder bunte Adhatoda. *Justicia picta* fruticosa, foliis lanceolato ovatis pictis, corollis fauce inflatis.
  Linn. p. 62. Sp. pl. p. 21. *Houtt.* II. IV. St. p. 40.

Findet sich in Wäldern an den Bergseiten auf St Christoph; wächst 2 oder 4 Fuß hoch, und blüht im April.

Die Jungie von St. Eustache. *Dianthera Eustachiana* foliis lanceolato oblongis: pedunculis multifloris, bracteis linearibus apice latiusculis acuminatis.
  Linn. p. 64. Justicia Eustachiana. *Jacquin* Hist. Stirp. Amer. p. 4. Tab. 4.

Findet sich um Gustavia; wächst 2 Fuß hoch, ist ein schönes Gewächs, und blüht im März, April und Junius.

Das Eisenkraut von Jamaika. *Verbena Jamaicensis* diandra spicis longissimis carnosis nudis, foliis spatulato - ovatis serratis, caule hirto.

Linn. p. 66. Sp. pl. p. 27. *Houtt.* II. VII. St. p. 139. *Aubl.* p. 15. *Jacq.* Obs. IV. p. 6. Tab. 85. Abhandl. der Königl. schwed. Akad. für 1786.

Findet sich allgemein auf dem Lande und auch auf den Straßen in Gustavia, und wird Vervenne genannt.

Die Knotenpfefferstaude. *Piper geniculatum* foliis oblongis acuminatis obliquis, multinerviis glabris, caule ramisque geniculatis.

Swartz Prodr. p. 15.

Findet sich auf St. Christoph.

Die große blättrigte Pfefferstaude. *Piper decumanum* foliis cordatis novem nerviis, reticulatis.

Linn.

Linn. p. 74. Sp. pl. p. 41. *Houtt.* II. IV. St. p. 79. *Aubl.* p. 21.

Auf St. Christoph.

Die gefleckte Pfefferstaude. *Piper maculosum* foliis peltatis ovatis.

Linn. p. 74. Sp. pl. p. 42. *Houtt.* II. IV. St. p. 84. *Aubl.* p. 22.

Auf St. Christoph.

Die doppelährige Pfefferstaude. *Piper distachion* foliis ovatis, Spicis conjugatis.

Linn. p. 74. Sp. pl. p. 42. *Houtt.* p. 85.

Findet sich an den Seiten der Berge auf St. Eustache und St. Christoph.

Die vierblättrigte Pfefferstaude. *Piper quadrifolium* foliis quaternis cuneiformibus sessilibus.

Linn. p. 75. Sp. pl. p. 43. Saururus repens tetraphyllus, folio crassiore. *Plum.* Plant Amer. p. 238. Tab. 242. fig 3. *Houtt.* II. IV. St. p. 86.

Findet sich allgemein, sowohl an Steinen, als auf den Stämmen großer Bäume, auf St Eustache und St. Christoph. Auf St. Eustache auf der sogenannten Punschboule und

und auf St. Christoph an den Seiten der Berge da wo die größten Bäume stehen.

Die stechpalmblättrige Jungfernpflaume. *Camocladia Ilicifolia* foliolis angulato spinosis.

Swartz Prodr. p. 17. Ilex Dodonaea. *Linn.* Sp. pl. p. 182. Mant. p. 333. Dodonaea. *Plum.* Tab. 118. fig. 1.

Findet sich in den Wäldern an Wegen und Fußpfaden, auch am Seestrande, und wächst 7 oder 8 Fuß hoch. Sie blühet im Junius.

Schoenus Restioides culmo inferne compresso ancipiti, glaberrimo; floribus paniculatis, vaginis apice lanceolatis.

Swartz p. 19.

Findet sich an den Salzteichen und morastigen Stellen.

Cyperus culmo folioso, triquetro, involucro tetraphyllo; umbella composita; spicis alternis, oblongo lanceolatis nitidis.

C. Fr. *Rottböll* nov. Plant. I. p. 29. Tab. 9. Fig. 4.

Das Zwerg-Cypergras. *Cyperus pumilus* culmo triquetro nudo, umbella diphylla compofita, Spiculis alternis digitatis lanceolatis: glumis mucronatis.

Linn. p. 97. Sp. pl. p. 69. Cyperus Javanenfis. *Houtt.* II. XIII. St. p. 68. Tab. 88. fig. 1.

Findet sich bey Salzteichen und Morästen; es wächst 2 Fuß hoch und blühet im März und April.

Cyperus factonici paniculis feffilibus et pedunculatis; fpicis linearibus; flosculis alternis remotis, obtufiffimis.

C. Fr. Rottböll. 1. p. 41. Tab. 9. Fig. 1.

Findet sich auf Hügeln und überall an den Wegen, wächst 1 Fuß hoch und blühet im April und May.

Das Italiänische großährige Fenchgras. *Panicum Italicum* Spica compofita, fpiculis glomeratis fetis immixtis, pedunculis hirfutis.

Linn. p. 105. Sp. pl. p. 83. *Houtt.* II. XIII. St. p. 172.

Findet sich auf Hügeln um Guſtavia weniger allgemein.

Das blutige fingerartige Fenchgras oder die Bluthirſe. *Panicum Sanguinale* fpicis digita-

digitatis baſi interiore nodocis, flosculis geminis muticis, vaginis foliorum punctatis.

Linn. p. 106. Sp. pl. p. 84. *Houtt.* II. XIII. St. p. 178. *Aubl.* p. 50. Schrebers Gräſer. S. 119. Taf. 16 Fig. 2.

In Curacao=Bay und an mehrern Stellen um Guſtavia, und wächſt 2 oder 3 Fuß hoch.

Das Vogel= oder haarförmige Rispengras. *Poa capillaris* panicula laxa patentiſſima capillari, foliis piloſis, culmo ramoſiſſimo.

Linn. p. 114. Sp. pl. p. 100. *Houtt.* II. XIII. St. p. 252.

An den Wegen zwiſchen Guſtavia und dem Caſtell.

Das ägyptiſche Kammgras. *Cynoſurus Aegypticus* Spicis digitatis quaternis obtuſis patentiſſimis mucronatis, calycibus mucronatis, caule repente.

Linn. p. 117. Sp. pl. p. 106. *Houtt.* II. XIII. St. p. 283.

Findet ſich überall auf Hügeln und an den Wegen.

Das indianische Kammgras. *Cynosurus Indicus* Spicis digitatis linearibus, culmo compresso declinato basi nodoso, foliis alternis.

Linn. p. 117. Sp. pl. p. 106. *Houtt.* II. XIII. St. p. 284. Tab. 91. fig. 3. *Aubl.* p. 51.

Allgemein in Curacao=Bay; wächst 2 Fuß hoch und blühet im Junius.

Das ruthenförmige Kammgras. *Cynosurus virgatus* panicula ramis simplicibus, sessilibus sexfloris: culmo sterili; infimis subaristatis.

Linn. p. 117. Sp. pl. p. 106. *Houtt.* II. XIII. St. p. 286. *Aubl.* p. 51.

Findet sich auf St. Eustache und der sogenannten Punschboule.

Der wirtelförmige Weichling mit gestrecktem Stengel und einblümigen Stielen. *Mollugo verticillata* foliis verticillatis cuneiformibus acutis, caule subdiviso decumbente, pedunculis unifloris.

Linn. p. 129. Sp. pl. p. 131. *Houtt.* II. VII. St. p. 221.

Findet

Findet sich allgemein an den Straßen von Gustavia und an mehrern Orten.

Der römische Wegetritt. *Polygonum romanum* foliis angusto lanceolatis, crenulatis, caule procumbente.

Jaquin. Obs. III. p. 8. Tab. 58. Spermacose radicans foliis lanceolatis acutis, floribus parvis. *Aubl.* p. 58. Tab. 20. fig. 4.

An den Seiten der Berge auf St. Eustache und St. Christoph, und an einigen wenigen Stellen auf St. Barthelemi; wächst 2 oder 3 Fuß hoch und sehr buschigt. Die Zweige sind lang, schmal und kantig, die Blätter lang und spitzig, und werden von den Ziegen gefressen.

Die Ufer=Ernodea. *Ernodea Littoralis.*
Swartz p. 29.

Findet sich bles beym Seestrande, um St. Jean und an mehrern Stellen. Sie wächst in Gesträuchen, wie die Moosbeerstaude (Vacc. uliginosum) zu 2 oder 3 Fuß Höhe.

* Die dreyblättrige oder süße Besenpflanze. *Scoparia dulcis* foliis ternatis, floribus pedunculatis.

Linn.

Linn. p. 157. Sp. pl. p. 168. *Houtt.* II. VII. St. p. 328. *Aubl.* p. 77.

Wächst auf den Gassen in Gustavia.

Die stichlingartige Klimmen. *Cissus Sicyoides.*

Linn. p. 158. Sp. pl. p. 170. *Jacq.* Hist. Stirp. Amer. p. 22. Tab. 15. Vitis foliis dentatis. *Plum.* Plant. Amer. p. 258. Tab. 259. fig. 2.

Findet sich am Seestrande, und auf sandigen Stellen, woselbst sie zwischen den Steinen herum kriecht.

Der stinkende Stahlbaum mit verschnittenen Blättchen oder die Flügel-Fagara. *Fagara Pterota* foliolis emarginatis.

Linn. p. 160. Sp. pl. p. 172. *Houtt.* II. IV. St. p. 151.

Findet sich in den Wäldern.

Rivina humilis.

Linn. p. 165. n. 1. Sp. pl. 177. n. 1. Amaranthus baccifer, ciroeae foliis. *Comm.* hort. 1. p. 127. fig 66. *Aubl.* p. 90. *Houtt.* II. IV. St. p. 162.

Unter dem Holze an den Seiten der Berge; wächst 2 oder 3 Fuß hoch.

Rivina

Rivina octandra racemis simplicibus, floribus octandris dodecandrisque.

Linn. p. 165. Sp. pl. p. 177. *Jacq.* obſ. I. p. 6. Tab. 2. *Houtt.* II. IV. St. p. 164. *Aubl.* p. 90.

An mehrern Stellen beym Seestrande, beſonders wächſt ſie in Curacao-Bay häuſig. Die Einwohner nennen ſie bois d'huile.

Argythamania candicans.

Swartz. p. 39.

Findet ſich allgemein in kleinen Geſträuchen, 2 oder 3 Fuß hoch.

Die breitblättrige **Myginde**. *Myginda latifolia* foliis elipticis crenulatis coriaceis, floribus stigmatibus 2-4 seſſilibus.

Swartz. p. 39.

Findet ſich an den Seeſtränden und in Wäldern. Sie wächſt in Geſträuch von 4 oder 5 Fuß Höhe, und blühet im Junius und Julius. Ihre Blumen ſind klein und roth. Die Blätter ſind eyförmig ohne Blattſtiele, mit ſägenförmigen Kanten. Das Holz iſt ſehr hart und ſteif, wie Hagedorn.

Das indianiſche **Scorpionkraut**. *Heliotropium indicum.*

Linn.

Linn. p. 184. Sp. pl. p. 187. *Houtt.* II. VII. St. p. 416. *Aubl.* p. 116.

An den Seestränden auf Hügeln um Gustavia und an mehr Orten allgemein.

Das kleinblumige Scorpionkraut. *Heliotropium parviflorum* foliis ovatis rugosis scabris oppositis alternisque.

Linn. p. 184. Mant. p. 201. Heliotropium Barbadense Parietariae folio. *Dill.* Elth. p. 178. Tab. 146. *Houtt.* II. VII. St. p. 416.

Auf St. Eustache, oberhalb der Stadt auf dem hohen Walle; wächst 2 Fuß hoch.

Das curassavische Scorpionkraut. *Heliotropium curassavicum* foliis lanceolato linearibus, glabris aveniis, spicis conjugatis.

Linn. p. 184. Sp. pl. p. 188. Mant p. 333. *Houtt.* II. VII. St. p. 419. *Aubl.* p. 117.

An den Seestränden und auf den Straßen in Gustavia allgemein

Das ruhrpflanzenartige Scorpionkraut. *Heliotropium Gnaphaloides* foliis linearibus, obtusis

obtusis tomentosis, pedunculis dichotomis, Spicar. flor. quaternis, caule frutescente.

Linn. p. 184. Sp. pl. p. 188. *Houtt.* II. VII. St. p. 420. *Aubl.* p. 117. Heliotropium Gnaphalodes Littoreum frutescens Americanum *Pluk.* Alm. p. 182. Tab. 193. fig. 5. *Jacq.* Hist. Stirp. Amer. p. 25. Tab. 173. fig. 11.

Am Strande und beym Meerbusen St. Jean und mehrern Stellen im Sande. Der Strauch wächst 2 höchstens 3 Fuß hoch, und ist sehr rauhaarig.

Das brasilianische Wurmkraut mit wirtelförmigen Blättern. *Spigelia anthelmia* caule herbaceo, foliis summis quaternis.

Linn. p. 197. Sp. pl. p. 213. Amoen. Acad. 5. p. 133. Tab. 2. *Houtt.* II. VII. St. p. 515. *Aubl.* p. 126.

Findet sich auf St. Eustache in Plantagen als Unkraut, und blüht im März. Man nennt es Brinvilliers.

Die zeylanische Bleywurz. *Plumbago Zeylanica.*

Linn. p. 199. n. 2. *Houtt.* II. VII. St. p. 522. Lychnis Indica spicata, ocymastri

mastri foliis, fructibus lappaceis oblongis, radice urente. *Comm.* hort. 2. p. 169. Tab. 85. Tumba codiveli. *Rheed.* mal. 10. p. 15. Tab. 8.

Auf St. Christoph an den Ueberbleibseln alter Häuser, Steinmauern und Weggruben. Sie wächst 2 Fuß oder etwas darüber hoch.

Die peruvianische Zuckerwurzel oder die Batatenwinde. *Convolvulus Batatas* foliis Cordatis hastatis quinque nervis, caule repente tuberifero hispido.

Linn. p. 201. Sp. pl. p. 220. *Houtt.* II. VII. St. p. 541. *Aubl.* p. 140. *Bryants* Fl. Diaet. p. 5 Abh. der Königl. Schwed. Akad. für 1786.

Wird allgemein zur Speise gebauet, und heißt spanische Potaten oder Bataten. Siehe oben S. 48. 70.

Die doldentragende Winde. *Convolvulus umbellatus* foliis cordatis, caule volubili, pedunculis umbellatis.

Linn. p. 201. Sp. pl. p. 221. *Houtt.* II. VII. St. p. 545. *Aubl.* p. 140.

Um Gustavia.

Die

Die Henkelblume. *Scaevola Lobelia.*
Linn. p. 213. Lobelia Plumieri. *Linn.*
Sp. pl. 1317. n. 1. *Plumiers* Gen. p.
21. tab. 31. Plant. Amer. p. 157. Tab.
165. fig. 1. *Houtt.* II. IV. St. p. 200.

Beym Meerbusen St. Jean, woselbst sie am Strande 2 bis 3 Fuß hoch wächst.

Der caribische Fieberrindenbaum. *Cinchona caribaea* pedunculis unifloris.
Linn. p. 214. Sp. pl. p. 245. *Houtt.* II. II. St. p. 89.

Auf den Hügeln um Gustavia; wächst 6 oder 7 Fuß hoch, und blüht im März und April.

Der asiatische Kühlbeerstrauch. *Psychotria Asiatica* stipulis emarginatis, foliis lanceolato ovatis.
Linn. p. 214. Sp. pl. p. 245. Psychotria Carthaginensis frutescens, foliis obovatis. *Jacq.* Hist. Stirp. Amer. p. 65. Tab. 174. Fig. 22. Psychotria Nervosa stipulis ovatis emarginatis deciduis foliis ovatis acuminatis nervosis subundulatis, paniculis erectis.

Swartz.

Swartz. p. 43. *Houtt.* II. IV. St. p. 203. *Aubl.* p. 147.

In den Wäldern auf St. Christoph, und wächst 6 oder 8 Fuß hoch.

Der arabische Kaffeebaum. *Coffea Arabica* floribus quinquefidis difpermis.

Linn. p. 215. Sp. pl. p. 245. *Houtt.* II. II. St. p. 90. *Aubl.* p. 154. *M. I. Ledermüllers* Mikrof. Augenergötz. II. S. 120. Tab. 97. 98. *Bryant.* p. 311.

Wird auf St. Christoph gebauet, aber nicht in einiger Menge; auch konnte man auf St. Barthelemi nur einige wenige Bäume zu sehen bekommen. Der Baum wächst 10 bis 12 Fuß hoch.

Der abendländische Kaffeebaum. *Coffea Occidentalis* floribus quadrifidis, baccis monofpermis.

Linn. p. 215. Sp. pl. p. 246. *Houtt.* II. II. St. p. 97. *Aubl.* p. 154. *Bryant.* p. 311.

Findet sich auf der sogenannten Punschboule auf St. Eustache, und blüht im April. Die Einwohner nennen ihn amerikanischen Kaffee.

Die ausgebreitete Hamelie. *Hamelia patens* racemis patentibus.

Linn.

Linn. p. 215. Sp. pl. p. 246. *Houtt.* II. IV. St. p. 209. *Aubl.* p. 191.

Findet sich in den Wäldern auf St. Christoph.

Der aufrechte **Knopfbaum**. *Conocarpus erecta* foliis lanceolatis.

Linn. p. 217. Sp. pl. p. 250. Hort. Cliff. p. 485. *Houtt.* II. II. St. p. 105. *Jacq.* Hist. Stirp. Amer. p. 78. Tab. 52. fig. 1. *Aubl.* p. 200. *Alnus* maritima Myrthifolia coriariorum. *Pluk.* Alm. p. 18. Tab. 240. fig. 3.

Findet sich an den Salzteichen und auf morastigen Stellen, und wächst 16 bis 20 Fuß hoch. Dem Ansehen nach gleicht er der Eller, und blüht im März, April und Mai. Seine Blätter werden von den Ziegen begierig gefressen, und die Stämme von den Einwohnern, welche sie Mangle nennen, zu Bauholz gebraucht.

Das buschigte **Räucherholz**. *Erithalis fruticosa*. Erithalis odorifera arborea erecta.

Linn. p. 218. Sp. pl. p. 251. *Houtt.* II. II. St. p. 110.

An den Seestränden bey St. Jean und an mehrern Orten.

Die eckigte Judenkirschstaude, oder der eckigte Schlutten. *Phyſalis angulata* ramoſiſſima, ramis angulatis glabris, foliis ovatis, dentatis.

Linn. p. 222. Sp. pl. p. 262. *Houtt.* II. VII. St. p. 602. *Aubl.* p. 212. Alkikengi indicum glabrum, chenopodii folio. *Dill.* Elth. p. 13. Tab. 12. Fig. 12.

Findet ſich allgemein in den Plantagen und auf mehrern Stellen um Guſtavia.

Der traubentragende Nachtſchatten. *Solanum racemoſum* caule inermi frutescente, foliis lanceolatis repandis undulatis, racemis longis erectis.

Linn. p. 223. Mant. p. 47. *Houtt.* II. IV. St. p. 256.

Findet ſich auf St. Barthelemi um Guſtavia. Der Stamm variirt mit und ohne Zacken auf einer und derſelben Wurzel.

Der Eyerbaum oder der Tollapfel. *Solanum Melongena* caule inermi herbaceo, foliis ovatis tomentoſis, pedunculis pendulis incraſſatis, calycibus inermibus.

Linn.

Linn. p. 224. Sp. pl. p. 266. *Houtt.* II. VII. St. p. 676. *Aubl.* p. 215. *Bryant.* p. 213.

Auf mehrern Stellen um Gustavia; er wird auch von einigen Einwohnern gebauet, welche die Frucht nach der Stadt zum Verkauf schicken. Man nennt ihn Melongena.

Der staudige ostindische Nachtschatten. *Solanum indicum* caule aculeato fruticofo, foliis cuneiformibus angulatis subvillofis integerrimis, aculeis utrinque erectis.

Linn. p. 225. n. 32. Sp. pl. p. 268. n. 22. *Houtt.* II. IV. St. p. 245. *Aubl.* p. 217. n. 15. 17. *Plum.* Plant. Amer. p. 219. Tab. 224. Fig. 2. Solanum frutescens villofum, foliis undulatis, mollibus, fubtus incanis, fpinis flavefcentibus, armatum. *Burm.* Thef. Zeyl. p. 220. Tab. 102. Solanum indicum fpinofum, flore boraginis. *Dill.* Elth. p. 362. Tab. 270.

In den Wäldern auf St. Christoph, und besonders in den Thälern in Bächen zwischen Bergen; er wächst 12 oder 16 Fuß hoch, mit weißen Blumen.

Der gemeine Nachtschatten. *Solanum nigrum* caule inermi, herbaceo, foliis ovatis dentato-angulatis, umbellis nutantibus.

Linn. Sp. pl. p.266. *Houtt.* II. VII. St. p.673. *Aubl.* p.215.

Findet sich in Gustavia allgemein an Häusern und Straßen. Die zwepte Varietät (Patulum ramis teretibus glabris, foliis integerrimis glabris. Solanum procerius patulum, vulgaris fructu. *Dill.* Elth. p. 367. Tab. 275. fig. 355.) findet sich auf St. Christoph, besonders an Bergen auf angebaueten Stellen, und wächst 3 oder 4 Fuß hoch.

Der standige Taschenpfeffer oder der Beißbeerenstrauch. *Capsicum frutescens* caule fruticoso scabriusculo, pedunculis solitariis.

Linn. p.227. Sp. pl. p.271. *Houtt.* II. VII. St. p.685. *Aubl.* p.219.

In Curacao-Bay; wächst 2 oder 3 Fuß hoch.

Der tägige Hammerstrauch. *Cestrum diurnum* floribus sessilibus.

Linn. p.227. Sp. pl. p.277. *Houtt.* II. II. St. p.143. Jasminoides Laureolae folio.

folio, flore candido interdiu odorato. *Dill. Elth.* p. 186. Tab. 154. Fig. 186. Laureola Sempervirens americana, latioribus foliis albis odoratis. *Pluk.* Alm. p. 209. Tab. 95. Fig. 1.

Auf St. Christoph in den Wäldern und riecht angenehm.

Die stumpfblättrigte Jacquinie. *Jacquinia armillaris* foliis obtusis cum acumine.
Linn. p 229. Sp. pl. p. 27. *Houtt.* II. IV. St. p. 263.

An den Seestränden.

Die loorbeerblättrige Ehretie. *Ehretia tinifolia* foliis oblongo ovatis integerrimis glabris, floribus paniculatis.
Linn. p. 230. Sp. pl. p. 274. *Houtt.* II. II. St. p. 130.

In den Wäldern und auf den Bergen um Gustavia; wächst 10 oder 12 Fuß hoch, und blühet im März und April.

Die runzlichte Varronie mit kugelförmigen Blüthenähren. *Varronia bullata* foliis ovatis venoso rugosis, spicis globosis.
Linn. p. 231. Sp. pl. p. 276. Amoen. Acad. 5. p. 394. *Houtt.* II. II. St. p. 137.

In den Wäldern um Gustavia; wächst 2 bis 3 Fuß hoch, der Stiel ist hart und steif, und nebst den Blättern mit straffen Haaren bekleidet. Sie blüht im April.

Der Leguanwegdorn. *Rhamnus Iguaneus* aculeis geminis: altero patente, racemis axillaribus monoicis, foliis nudis.

> *Linn.* p. 234. n. 21. Sp. pl. p. 282. n. 17. *Jacq.* p. 16. *Jacq.* Hist. Stirp. Amer. p. 74. Jujube Americana spinosa etc. *Comm.* Hort. 1. p. 141. Tab. 73. Rhamnus Iguaneus. *Houtt.* II. IV. St. p. 291.

Um Gustavia. Auf seinen langen und schmalen Zweigen haben die Eidechsen ihren Aufenthalt, weshalb der Baum Bois de Lezards genannt wird.

Der glänzende Celaster. *Celastrus lucidus* foliis ovalibus nitidis integerrimis marginatis.

> *Linn.* p. 237. Mant. p. 49. *Houtt.* II. IV. St. p. 313.

Auf Höhen; wächst 16 Fuß hoch, sehr ästig und laubigt.

Die windigte Plectronie. *Plectronia ventosa.*

Linn. p. 242. Mant. p. 52. *Houtt.* II. II. St. p. 166.

Auf St. Christoph.

Der ostindische Weinstock. *Vitis Indica* foliis cordatis dentatis subtus villosis, cirrhis racemiferis.

Linn. p. 244. n. 2. *Houtt.* II. IV. St. p. 375.

An den Seestränden und Bergseiten, wo er sich hinanwindet, und sich um die Zweige andrer Bäume hinauf schlingt.

Die aufrechte Sauvagesie. *Sauvagesia erecta.*

Linn. p. 244. Sp. pl. p. 294. n. 1. Sauvagesiae recta. *Jacq.* Histor. Stirp. Amer. p. 77. Tab. 51. Fig. 3. Sauvagesia Adima. *Aubl.* p. 251. Tab. 100. *Houtt.* II. VII. St. p. 692.

Auf St. Christoph.

Der Bihai. *Heliconia Bihai* foliis nervosis reticulatis basi attenuatis, nectario hastato libero.

Linn.

Linn. p. 245. Musa Bihai. Sp. pl. p. 1477. *Houtt.* II. IV. St. p. 385. *Aubl.* p. 931.

Findet sich allgemein in den Thälern unter den größern Holzarten auf St. Christoph.

Die wurmförmige Knorpelblume. *Illecebrum vermiculatum* caulibus repentibus glabris; foliis subteretibus carnosis, capitulis oblongis glabris terminalibus.

Linn. p. 249. Sp. pl. p. 300. *Houtt.* II. VII. Sp. p. 717. *Aubl.* p. 256.

Findet sich allgemein am Meerstrande um St. Jean.

Die glänzende Rauwolfie. *Rauwolfia nitida* glaberrima nitidissima.

Linn. p. 250. Sp. pl. p. 303. Hort. Cliff. p. 75. Tab. 9. *Houtt.* II. II. St. p. 167. *Aubl.* p. 258. Rauwolfia tetraphylla angustifolia. *Plum.* gen. p. 19. Tab. 40. Plant. Amer. p. 232. Tab. 236. fig. 1.

Findet sich überall. Der Strauch wächst 5 oder 6 Fuß hoch; die Blumen sind klein und weiß. Die Einwohner nennen sie Antigua Balsam.

Die stachelichte Gardenie. *Gardenia spinosa* floribus sessilibus hirsutis.

Linn. p. 252. *Buchoz* Plant. p. 50. Tab. 49. Fig. 2.

Findet sich an den Seiten der Berge um Gustavia; ist ein Strauch von 6 oder 8 Fuß Höhe, und blüht im Mai und Junius.

Der etwas aufrechte Klammerstrauch. *Echites suberecta* pedunculis racemosis, foliis subovatis obtusis mucronatis.

Linn. p. 253. Sp. pl. p. 307. *Houtt.* II. IV. St. p. 395.

Auf St. Eustache.

Der flachssträußige Klammerstrauch. *Echites corymbosa* racemis corymbosis, staminibus eminentibus, foliis lanceolato ovatis.

Linn. p. 253 Sp. pl. p. 1671. *Houtt.* II. IV. p. 897.

Auf St. Christoph.

Die rothe Plumerie oder der rothe Jasminbaum. *Plumeria rubra* foliis ovato oblongis, petiolis biglandulosis.

Linn. p. 254. Sp. pl. p 306. *Houtt.* II. II. St. p. 177. Abh. der Königl. Schwed. Akad. für 1786. *Aubl.* p. 258.

In Curacao=Bay. Man nennt sie Franchipanier à fleur rouge.

Die weiße Plumerie. *Plumeria alba* foliis lanceolatis revolutis, pedunculis superne tuberosis.

Linn. p. 254. Sp. pl. p. 306 *Houtt.* II. II. St. p. 180. *Aubl.* p. 259. Abh. der Königl. Schwed. Akad. für 1786.

Findet sich allgemein, und heißt Franchipanier.

Die breitblättrigte Camerarie. *Cameraria latifolia* foliis ovatis utrinque acutis transverse Striatis.

Linn. p. 254. Sp. pl. p. 308. *Houtt.* II. II. St. p. 196.

Auf St. Christoph.

Die afrikanische Hundswinde oder Schlingen. *Periploca Africana* caule hirsuto.

Linn. p. 256. Sp. pl. p. 309. *Houtt.* II. VII. St. p. 735.

Findet sich allgemein um Gustavia; sie windet und schlingt sich an Cactus und kleinen Gesträuchen auf, und blüht im März und April.

Der Seestrandshundswürger. *Cynanchum maritimum* caule volubile, foliis cor-

datis

datis hirsutis subtus tomentosis, pedunculis aggregatis.

Linn. p. 257. Mant. p. 54. *Houtt.* II. VII. St. p. 738.

Findet sich in Wäldern, wo es sich an Bäumen und Sträuchen hinaufwindet.

Die fleischfarbige Aesculapie. *Asclepias incarnata* foliis lanceolatis, caule superne diviso, umbellis erectis geminis.

Linn. p. 259. n. 13 Sp. pl. p. 314. Hort. Cliff. p. 78. n. 4. *Houtt.* II. VII. St. p. 758.

Findet sich allgemein auf den Hügeln um Gustavia und an mehrern Orten; wächst 1 Fuß hoch, und ist eine sehr schöne Pflanze.

Der nackende Enzian. *Gentiana aphylla* corolla quinquefida hypocrateriformi, caule aphyllo.

Linn. p. 269. Sp. pl. p. 334. *Houtt.* II. VII. St. p. 827.

Auf St. Christoph.

Die kleine Mannstreu. *Eryngium pusillum* foliis radicalibus oblongis incisis, caule dichotomo, capitulis sessilibus.

Linn.

Linn. p. 271. Sp. pl. p. 337. *Houtt.* II. VIII. p. 5.

Auf St. Christoph.

Die ulmenblättrige Turnera. *Turnera ulmifolia* floribus sessilibus petiolaribus, foliis basi biglandulosis.

Linn. p. 296. Sp. pl. p. 387. *Houtt.* II. VIII. p. 233. *Aubl.* p. 293.

Auf den Gassen in Gustavia und an mehrern Stellen auf der Insel.

Die Straußananas. *Bromelia ananas* foliis ciliato-spinosis mucronatis, spica comosa.

Linn. p. 213. n. 1. Sp. pl. p. 408. n. 1. *Houtt.* II. VIII. p. 313. n. 1. *Bryant.* p. 178. n. 4. *Aubl.* p. 301. Bromelia foliis spinosis fructibus coalitis caulem cingentibus. Hort. Cliff. p. 129. Ananas acostae. *Comm.* Hort. I. p. 109. Tab. 57. Ananas aculeatus, fructu ovato, carne albida. *Trew.* Ehr. p. 1. Tab. 2. Anarsa *Rumph.* Amb. 5. p. 227. Tab. 81. Kapa Tsiakka *Rheed.* Mal. XI. p. 1. Tab. 1, 2. Bromelia Ananas carne albida. Abhandl. der Königl. Schwed. Akad. für 1786.

Man findet sie auf einigen Stellen angebauet, doch nicht in einiger Menge; man bringt sie von den umliegenden Inseln hierher. Sie ist eine sehr angenehme Frucht. Man braucht sie zum Desert nach der Mahlzeit, und sie kann außerdem als erfrischend und kühlend Vor= und Nachmittags, ohne Beschwerde, wenn man nicht zu viel davon ißt, gegessen werden. Im letztern Falle verursacht sie Koliken und Durchlauf. Die Einwohner nennen sie Ananas oder Pine=Apfel.

Die traubenförmige Ananas. *Bromelia Pinguin* foliis ciliato-spinosis mucronatis racemo terminali.

Linn. p 313. Sp. pl. p. 408. *Houtt.* II. VIII. p. 316. *Aubl.* p. 302.

Findet sich in den Gärten auf St. Eustache angebaut.

Die rispenförmige Tillandsie. *Tillandsia paniculata* foliis radicalibus brevissimis, caule subundo, racemis subdivisis ascendentibus.

Linn. p. 314. Sp. pl. p. 410. *Houtt.* II. VIII. p. 325.

Findet

Findet sich allgemein in den größern Hölzern, auch auf Bergen, und heißt wilde Ananas.

Die zurückgebogene Tillandsie. *Tillandsia recurvata* foliis subdulatis scabris reclinatis. culmis unifloris, gluma biflora.

Linn. p. 314. Sp. pl. p. 410. *Houtt.* II. VIII. p. 325. *Aubl.* p. 302. Viscum cargophylloides minus, foliis pruinae instar candicantibus, flore tripetalo purpureo, Semine filamentoso *Ray.* Suppl. p. 406.

Findet sich allgemein in den größern Wäldern auf der Insel, wo sie Zweige und Stamm gleich den Moosen, bekleidet.

Die karaibische Gilgen. *Pancratium caribaeum* Spatha multiflora foliis lanceolatis.

Linn. p. 317. Sp. pl. p 418. Hort. Cliff. p. 133. *Houtt.* II. XII. p. 146. *Aubl.* p. 303. Narcissus americanus flore multiplici albo hexagono, odorato. Comm. Hort. II. p. 173. Tab. 87.

Findet sich sowohl auf Hügeln als am Strande, besonders im westlichen Theile der Insel oder um Gustavia, und ist ein sehr schönes Gewächs.

Die

Die Zwiebel wächst etwas größer als ein Gänseey, nicht ganz rund, sondern auf zwey Seiten platter. Es wachsen ihrer mehrere dicht zusammen, welches ihre Plattheit und Zusammendrückung verursacht. Die Blätter wachsen bis zu 1½ Fuß Länge und 3 Zoll Breite. Der Stengel ohne Blätter wächst 2 Fuß hoch, und endigt sich mit acht oder neun großen weißen und sehr schönen Blumen.

Die durchstochene Aloë *Aloë perfoliata* floribus corymbosis cernuis, pedunculatis fubcylindricis.

>*Linn.* p. 337. Sp. pl. p. 457. *Houtt.* II. VIII. p. 354. *Aubl.* p. 304.

Auf hohen Hügeln.

Die große amerikanische Aloë. *Agave Americana* foliis dentato fpinofis, Scapo ramofo.

>*Linn.* p. 338. n. 1. Sp. pl. p. 461. n. 1. Amoen. Acad. 3. p. 22. *Houtt.* II. VIII. p. 368. Agave foliis fpinofis dentatis mucronatisque. Hort Upf. 81. Aloë foliis lanceolatis dentatis Spina cartilaginea terminalis radicalibus. Hort. Cliff.

Cliff. p. 130. Aloë Americana. *Comm. Hort.* 2. p. 31. Tab. 16. Bromelia Caratas. Abhandl. der Königl. Schwed. Akad. für 1786.

Findet sich auf verschiedenen Stellen. Die Blätter, welche alle unten an der Wurzel sitzen, wachsen oft 3 oder 4 Fuß lang, an den Spitzen sehr scharf und steif, auch sind ihre Kanten mit scharfen und steifen Zähnen oder Zacken versehen. Der Blumenstengel ist ohne Blätter, wächst oft über 20 Fuß hoch und endigt sich mit einem buschigten gelben Blumenbüschel von schönem Ansehen. Dieses Gewächs wird zu Hecken um Aecker und Plantagen gepflanzt, wo es eine Befriedigung ausmacht die viele Jahre dauert, und eben so schön wie irgend eine andere Allee, Hecke oder Zaun ist. Wenn die in einer Hecke stehenden Aloën Blumenstiele treiben, werden solche abgeschnitten, um dem Blühen vorzubeugen, weil sie dadurch gemeiniglich aussterben.

Der Simaruba oder der amerikanische Gummibaum. *Burfera gummifera.*

Linn. p. 342. Sp. pl. p. 471. et p. 1679. *Jacq.* Hist. Stirp. Amer. p. 94. Tab. 65.

Pistacia

Piſtacia Simaruba foliis pinnatis deciduis, foliolis ovatis *Linn.* Sp. pl. 1753. p. 1026. Burſera gummifera *Houtt.* II. II. p. 243. *Aubl.* p. 310. Terebinthus Americana polyphylla *Comm.* Hort. Amſt. I. p. 149. Tab. 77. Terebinthus major, betulae cortice, fructu triangulari. *Sloan.* Hiſt. Jam. II p. 89. Tab. 199. Quaſſia amara. Abhandl. der Königl. Schwed. Akad. für 1786.

Findet ſich allgemein. Der Baum wächſt 20 bis 24 Fuß hoch; der Stamm hat oft an der Wurzel 1 Fuß im Durchmeſſer, iſt glatt, oder hat auch nur wenige Zweige am untern Theile. Nach oben zu, theilt er ſich in große Zweige, welche ohne Ordnung, der eine hierhin und der andere dorthin gehen. Die Rinde iſt glatt, gleicht der Birkenrinde und iſt mit Harz angefüllt. Die Blätter ſind (pinnata) aus 9, 7, 5 oder 3 kleinern Blättern zuſammengeſetzt, welche im Mai oder Junius ausſchlagen und im Herbſt abfallen. Die Blumen kommen mit den Blättern zu gleicher Zeit; ſie ſind klein und weiß. Die Staubfäden von 5 zu 12, aber in den meiſten

Blumen waren 10, auch fehlten zum Theil entweder Staubfäden oder die Stämpel, welches bey den Blumen mehrerer indianischer Holzarten der Fall ist. Die Rinde, Blätter und Blumenknospen waren mit einem weichen und beynahe flüssigen Harze von einem balsamichen Geruche angefüllt. Erstere wurde zu Thon für einen schwachen Magen gebraucht.

Die schmarotzende Zillie. *Hillia parasitica.* Linn. p. 344. Sp. pl. p. 1662. *Jacq.* p. 96. Tab. 66. *Houtt.* II. IV. p. 462. Hillia longiflora corollis 6 fidis, laciniis lanceolatis revolutis, foliis ovatis acutis. *Swartz.* Prodr. p. 58.

Findet sich in den Wäldern auf St. Christoph; wächst mit einer eignen Wurzel aus der Erde, aber schlingt sich um die Stämme größerer Bäume, und liegt nachdem auf ihren Aesten bis zu 12 und 16 Fuß Höhe.

Die glatte Weinmannie. *Weinmannia glabra* foliis pinnatis: foliolis obovatis crenatis laevibus.

Linn. p. 375 Suppl. p. 228.

In den Wäldern auf St. Christoph.

Die gemeine Seetraube. *Coccoloba uvifera* foliis cordato subrotundis nitidis.

Linn. p. 379. Sp. pl. p. 523. *Aubl.* p. 354. *Houtt.* II. II. p. 303. *Bryant.* p. 245. Coccoloba Uvifera foliis subrotundis integerrimis, glabris, planis, racemis fructuum cernuis. *Jacq.* p. 112. tab. 73. Gujabara racemosa, foliis coriaceis subrotundis. *Plum.* Plant. Amer. p. 136. Tab. 145.

Findet sich auf dem Strande im Sande bey Curacao-Bay, St. Jean, und an mehrern Stellen. Sie wächst 10 oder 12 Fuß hoch; die Blätter sind dick, glatt, sehr groß und rund, von 5 oder 6 Zoll im Durchmesser. Die Frucht hat eine harte Schaale, und ist von der Größe einer Haselnuß. Die Einwohner nennen sie Seaside grape oder Raisinier.

Der ostindische Herzsaame. *Cardiospermum Halicacabum* foliis laevibus.

Linn. p. 380. Sp. pl. p. 525. Hort. Cliff. p. 150. *Houtt.* II. VIII. p. 487. *Aubl.* p. 355. Halicacabum. *Rumph.* Amb. 6. p. 60. Tab. 24. fig d.

Ueberall um Gustavia; wächst auf trocknen Stellen unter Gesträuch und an den Feigendistelhecken um den Plantagen. Sie kriecht an andern Gewächsen 3 bis 4 Fuß hoch hinauf und blüht im März, April und May.

Der Avogatobaum. *Laurus Persea* foliis ovatis coriaceis transverse venosis perennantibus, floribus corymbosis.

Linn. p. 383. Sp. pl. p. 529. *Jacq.* Obs. P. I. p. 37. Persea *Clusii* Hist. p. 2. *Bryant.* p. 252. Houtt. II. II. p. 352. *Aubl.* p. 364.

Auf St. Eustache und St. Christoph an Bächen, welche von den Bergen herunter laufen. Der Baum wächst zweigigt, wie eine Ulme (Ulmus campestris) zu 20 Fuß Höhe und darüber.

Der westindische Anacardienbaum. *Anacardium occidentale.*

Linn. p. 384. Sp. pl. p. 548. Hort. Cliff. p. 161. *Bryant.* p. 352. Bergii Mat. Med. 1. p 347. Neue Abhandl. der Königl. Schwed. Akad. Bd. 7. Houtt. II. II. p. 405. Tab. 9. fig. 1. *Aubl.* p. 392. *Jacq.* Stirp. p. 124. Tab. 181. fig.

fig. 35. Cassuvium. *Rumph.* Amb. 1. p. 177. Tab. 69. Kapa Mava. *Rheed.* Mal. III. p. 65. Tab. 54.

Findet sich überall; wächst 20 Fuß hoch und gleicht dem Ansehen nach einem Apfelbaum. Er blüht im März und April, und seine Frucht ist im Julius reif. Die Frucht ist so groß wie ein gewöhnlicher Apfel, weich und sehr saftig; man ißt sie gegen Durst, weil ihr säuerlicher Saft sehr angenehm und kühlend ist; doch muß man sich in Acht nehmen, daß kein Saft auf die Kleider komme, weil er schwarze Flecke zurückläßt, welche sehr schwer, besonders aus linnenen Zeugen, wieder auszuwaschen sind. An dem äußern Ende der Frucht sitzt eine nierenförmige Nuß, mit zwey harten Schaalen bekleidet, zwischen welchen sich ein scharfes Oel befindet, welches im Munde und auf den Lippen Blasen verursacht, wenn es diese Stellen aus Unvorsichtigkeit berührt. Die Kerne daraus sind sehr gut und schmecken wie süße Mandeln, weshalb man diese Nüsse sammelt, und sie statt der Mandeln bey Tische nach der Mahlzeit gebraten und geschält ißt. Aus dem Oel, welcher sich zwischen den Schaalen dieser Nüsse findet, soll man eine Schwärze bereiten können, die zur Bezeichnung leinener Wäsche sehr dienlich ist, weil sie nicht ausgeht. Die Einwohner nennen diese Nüsse Acajou. Siehe oben S. 51.

Die fadenförmige Cassythe. *Cassytha filiformis.*

>*Linn.* p. 384. Sp. pl. p. 530. *Houtt.* II. VIII. p. 496. *Aubl.* p. 365. *Jacq.* Stirp. p. 115. Tab. 79.

Zwischen Gesträuch und kleinerm Holze, an deren Zweigen sie sich hinaufschlingt.

Die stachlichte Parkinsonie. *Parkinsonia aculeata.*

>*Linn.* p. 392. Sp. pl. p. 536. Hort. Cliff. p. 157. Tab. 13. *Houtt.* II. II. p. 381. Tab. 8. Fig. 2. *Aubl.* p. 379. Parkinsonia aculeata foliis minutis, unicostae adnexis. *Plum.* Gen. p. 25. Tab. 3. *Jacq.* Stirp. p. 121. Tab. 80.

Findet sich bey Curacao-Bay und an mehrern Orten, und wächst 12 bis 14 Fuß hoch. Sie blüht im März, April und Mai, und man kann oft auf einem Baume Blüthen und reife Früchte zugleich sehen. Das Holz dient eigentlich zu Hecken, welche schön und dauerhaft werden, und sehr stark wachsen. In Curacao-Bay waren einige sehr schöne Hecken angelegt, welche ihre Stelle zierten und freudig wuchsen. Auf St. Eustache und mehrern Inseln pflanzt man diesen Baum überall an den Wegen und Zäunen, zugleich mit dem Pfauenschwanz (Poinciana pulcherrima) welcher mit seinem Laube und seinen Blüthen eine Zierde ausmacht.

Die zweyfächerigte Cassie. *Cassia bicapsularis* foliis trijugis obovatis glabris: interioribus rotundioribus minoribus: glandula interjecta globosa.

Linn. p. 393. Sp. pl. p. 538. *Houtt.* II. V. p. 17. Abhandl. der Königl. Schwed. Akad. für 1786.

Findet sich um Gustavia; wächst in kleinen Büschen von 3 oder 4 Fuß Höhe, und blühet im April und Mai. Heißt Canefice batarde.

Die westindische Cassie. *Cassia occidentalis* foliis quinquejugis ovato-lanceolatis margine

gine scabris: exterioribus majoribus, glandula baseos petiolorum.

Linn. p. 393. Sp. pl. p. 539. *Houtt.* II. V. p. 19. *Aubl* p 381.

Allgemein zwischen den Häusern und auf den Straßen in Gustavia.

Die alexandrinische Laxiercassie, oder die Sistelcassie. *Cassia fistula* foliis quinquejugis ovatis acuminatis glabris, petiolis eglandulosis.

Linn. p. 393. Sp. pl. p. 540. *Houtt.* II. V. p. 19. *Aubl.* p. 381. *Bryant.* p. 308.

In Curacao-Bay und an mehrern Stellen.

Die Senne. *Cassia Senna* foliis sejugis subovatis petiolis eglandulatis.

Linn. p. 393. Sp. pl. 539. *Houtt.* II. V. p. 27.

In mehrern Baumgärten auf St. Eustache.

Die geschlossene Cassie. *Cassia nictitans* foliis multijugis, floribus pentandris, **caule erectiusculo**.

Linn. p. 395. Sp. pl. p. 545. *Houtt.* II. V. p. 40.

Findet

Findet sich allgemein auf der Ebene zwischen dem Berge Punschboule und der Stadt auf St. Eustache, und blüht im April.

Der schönste Pfauenschwanz. *Poinciana pulcherrima* aculeis geminis.

Linn. p. 395. Sp. pl. p. 544. *Houtt.* II. V. p. 42. *Aubl.* p. 386. Abhandl. der Königl. Schwed. Akad. für 1786.

Findet sich bey St. Jean und einigen Stellen wild, wächst 8 bis 10 Fuß hoch, ist ein schöner Baum mit langen Zweigen und blüht im Mai und Junius. Man pflanzt ihn mit der stachlichten Parkinsonie (Parkinsonia aculeata), wie oben gesagt ist, zu Hecken. Bey den Einwohnern heißt er Poincillade.

Die kleine stachlichte Bonduccelle. *Guilandina Bonduccella* aculeata, pinnis oblongo-ovatis, foliolis aculeis geminis.

Linn. p. 396. Sp. pl. p. 545. *Houtt.* II. V. p. 46. *Aubl.* p. 387.

Findet sich auf dem sogenannten Zuckerhute und den kleinern Inseln um das Land, überall.

Das

Das gewöhnliche Pocken= oder Franzosenholz. *Guajacum officinale* foliolis bijugis obtusis.

Linn. p. 396. Sp. pl. p. 546. Abhandl. der Königl. Schwed. Akad. für 1786. *Bergii* Mat. Med. T. I. p. 345. *Murray* Mat. Med. T. III. p. 399. *Houtt.* II. II. p. 394. Guajacum foliis pinnatis; foliolis quaternis obtusis. Hort. Cliff. p. 187. Mat. Med. p. 207. Arbor ligni sancti vel Guajacum. *Seb.* Muf. T. I. p. 86. Tab. 53. fig. 2. Guajacum jamaicense. *Pluk.* Alm. p. 180. Tab. 35. fig. 3. 4.

Findet sich an mehrern Stellen, besonders im östlichen Theile der Insel. Die Bäume sind gegen die, welche ehedem hier gefunden worden, nur klein und unbedeutend, welches man aus den vielen und starken Stubben, die noch übrig sind, und aus deren starken Wurzeln die jetzigen lebendigen Bäume ausgeschlagen sind, schließen kann. Das Holz, welches sehr hart ist, benutzen die Einwohner zur Verfertigung von allerley Sachen, als Mörser, Messerschäfte, Eßlöffel und mehrerer

Drechs=

Drechslerarbeiten. Man nennt es dort Guajac oder Lignum vitae, und Liffens Träd (Lebensholz).

Der gemeine Azedarach oder der Paternosterbaum. *Melia Azidarach* foliis bipinnatis.

Linn. p. 400. Sp. pl. p. 550. *Houtt.* II. II. p. 431. *Aubl.* p. 393.

Findet sich auf St. Christoph an den Landstraßen, wenn man zwischen Sand-Point und Aldra reißt. Er wächst zu Büschen von 3 oder 4 Fuß Höhe, blüht im April und hat ein schönes Ansehen.

Der größte Bürzeldorn. *Tribulus maximus* foliis subquadrijugis: exterioribus majoribis, pericarpiis decaspermis muticis.

Linn. p. 401. Sp. pl. p. 553. *Loefl.* it. p 208. *Houtt.* II. VIII. p. 521. Tribulus foliolis trium parium pinnatis. Hort. Cliff. p. 160. Tribulus terrestris fructu turbinato, foliis lanuginosis. *Plum.* pl. Amer. p. 252. Tab. 254. fig. 1.

Findet sich auf den Straßen in Gustavia und an mehrern Stellen allgemein, wo er die

Hügel

Hügel mit seinen schönen und feinen Blättern und Blüthen bekleidet.

Die stachelbeerenartige Melastoma. *Melastoma Grossularioides* foliis denticulatis triplinerviis ovatis acuminatis.

Linn. p. 403. Sp. pl. p. 558. *Houtt.* II. II. p. 447. *Pluk.* Alm. p. 40. Tab. 249. fig. 4. 5.

Findet sich in den Wäldern auf St. Christoph.

Die borstige Melastoma. *Melastoma hirta* foliis denticulatis quinquenerviis ovato lanceolatis, caule hispido.

Linn. p. 404. Sp. pl. p. 559. *Houtt.* II. II. p. 448. Arbuscula jamaicensis quinquenerviis, minutissime dentatis foliis et caule pubescentibus. *Pluk.* Alm. p. 40. Tab. 264. fig. 1.

Findet sich auf St. Christoph in den Wäldern; wächst 6 oder 7 Fuß hoch und blüht im April.

Die buntblättrige Melastoma. *Melastoma discolor* foliis integerrimis quinquenerviis oblongo ovatis glabris margine laevibus.

Linn. p. 404. Sp. pl. p. 560 *Houtt.* II. II. p. 452. Melastoma laevigata. *Aubl.* p. 412.

p. 412. Tab. 159. Melastoma prasina foliis triplinerviis integerrimis lato-lanceolatis glabris, panicula terminali patentissima. *Swartz.* Prodr. p. 69.

Findet sich auf St. Christoph; wächst 6 oder 7 Fuß hoch, und blüht im April und Mai.

Die sägenförmige Samyda. *Samyda serrulata* floribus dodecandris, foliis ovato oblongis serrulatis.

Linn. p. 409. Sp pl. p. 558. *Houtt.* II V. p. 100. Samyda viridiflora foliis oblongo ovatis serrulatis, subtus tomentosis. *Aubl.* p. 402.

Findet sich überall zwischen andern Gesträuch.

Die bengalische Banisterie. *Banisteria Bengalensis* foliis ovato oblongis acuminatis, racemis lateralibus, seminibus patentibus.

Linn. p. 427. Sp. pl. p 611. Flor. Zeyl. p. 176. *Houtt.* II. V. p. 112. *Aubl.* p. 466. Acer scandens foliis Citri, flore coeruleo spicato. *Plum.* Plant. Amer. p. 8. Tab. 14. Acer Bengalensis,

lenfis, Laurinis folio, fructu terge-
mino. *Pluk.* Alm p. 7. Tab. 3. fig. 1.

Findet sich überall am Seestrande, woselbst sie entweder zwischen den Bergklippen herumkriecht, oder sich wie Hopfenranken an den Stämmen und Aesten anderer Bäume oft 12 bis 14 Fuß hoch hinaufschwingt. Sie blüht im Mai und Junius mit gelben Blumen, welche drey Saamenkörner zurücklassen.

Die Meerstrands=Suriane. *Suriana maritima.*

Linn. p. 431. Sp. pl. p. 624. Hort. Cliff. p. 492. *Houtt.* II. II. p. 488. *Jaq.* Stirp. p. 140. *Aubl.* p. 472. Suriana foliis portulacae angustis. *Plum.* Gen. p. 37. Tab. 40. Plant. Amer. p. 246. Tab. 249. fig. 1. Arbor Americana Salicis folio, frondoso bermudiensis. *Pluk.* Alm. p. 44. Tab. 241 Fig. 5.

Findet sich in Curacao=Bay und an mehrern Stellen am Seestrande, wächst 5 oder 6 Fuß hoch und blüht im April und Mai.

Der

Der kriechende Sauerklee. *Oxalis repens* Caule repente, pedunculis unifloris, foliis ternatis, foliolis obcordatis hirtis.

Linn. p. 433. *Thunb.* Diff. de Oxal. n. 14 Tab. 1.

Findet sich im Holze auf St. Christoph; ist ein kleines kriechendes Gewächs, und hat kaum halb so große Blätter und Blumen, wie der einblümigte Sauerklee (Oxal. Acetosella L.). Der Stängel ist oft 1 Fuß lang aber sehr schmal. Die Pflanze blüht im März und April.

Die virginische Phytolacca. *Phytolacca decandra* floribus decandris decagynis.

Linn. p. 438. Sp. pl. p. 631. *Houtt.* II. VIII. p. 695.

Auf St. Christoph.

Die halbdreylappigte Triumfetta. *Triumfetta semitriloba* foliis semitrilobis, floribus completis.

Linn. p. 444. Mant. p. 73. *Jacq.* Stirp. p. 147.

Findet sich sowohl auf St. Christoph als auf St. Eustache, und wächst 3 oder 4 Fuß hoch.

Der dreyeckigte gelbe Portulak. *Portulaca triangularis* foliis obovatis planiusculis, racemo simplici triquetro.

Linn. p. 445. Sp. pl. p. 640. *Jacq.* Obs. I. p. 35. Tab. 23. Hist. Stirp. Amer. p. 147. *Houtt.* II. VIII. p. 708. *Plum.* Plant. Amer. p. 142. tab. 150. fig. 2. Abhandl. der Königl. Schwed. Akad. für 1786.

Findet sich allgemein auf den Bergen um Gustavia; wächst über 1 Fuß hoch, blüht im Junius und wird von den Einwohnern wie gewöhnlicher Portulak verspeißt.

Der haarigte rothblühende Portulak. *Portulaca pilosa* foliis subulatis alternis, axillis pilosis, floribus sessilibus terminalibus.

Linn. p. 445. Sp. pl. p. 639. *Houtt.* II. VIII. p. 705. *Aubl.* p. 475. Abhandl. der Königl. Schwed. Akad. für 1786.

Findet sich um Gustavia allgemein.

Die Myrthenblättrigte Euphorbie. *Euphorbia Tithymaloides* inermis fruticosa, foliis distiche alternis ovatis.

Linn. p. 449. Sp. pl. p. 649. *Houtt.* II. VIII. p. 742.

Allgemein um Gustavia; wächst 3 oder 4 Fuß hoch. Man findet in den Stengeln und Blättern einen weißen Saft, welchen die Neger auf frische Wunden und andre Schäden streichen, und dieses für ein sicheres Heilmittel halten. Sie nennen es Pedgeon Smith.

Die Johanniskrautartige Euphorbie. *Euphorbia hypericifolia* dichotoma, foliis serratis ovato-oblongis glabris, corymbis terminalibus, ramis divaricatis.

Linn. p. 450. Sp. pl. p. 650. *Houtt.* II. VIII. p. 745. *Aubl.* p. 479.

Findet sich in den Zuckerplantagen und an Gräben allgemein.

Die glatte Euphorbie. *Euphorbia glabrata* inermis frutescens ramosa: foliis oppositis ovatis acutis glabris integerrimis.

Swartz. p. 76.

Findet sich in den Meerbusen auf Sandsträuden.

Die eckigte Melonendistel oder der geribbte Cactus. *Cactus melocactus* subrotundus quatuordecim angularis.

Linn. p. 459. Sp. pl. p. 666. *Houtt.* II. V. p. 143. Echinomelocactus *Cluf.*

exot. p. 92. Tab. 92. *Bradl.* Works of Nat. p. 23. Tab. 2. fig. 3. Succ. 4. p. 9. Tab. 32.

Findet sich allgemein auf Bergen und Klippen am Strande, und blüht im Mai und Junius. Die Frucht ist klein und wird gegessen.

Der ausgeschweifte Cactus. *Cactus repandus* erectus longus octangularis: angulis compressis undatis, spinis lana longioribus. *Linn.* p. 459. Sp. pl. p. 667. *Houtt.* II. V. p. 148. Cereus. Americanus octangularis, spinis albicantibus. *Bradl.* Succ. II. p. 3. Tab. 12. Cactus octangularis, erectus angulis compressis; spinis absque tomento confertis. *Plum.* Plant. Amer. p. 185. Tab. 191.

Diese findet sich überall; wächst 12 oder 16 Fuß hoch, breitet sich aus und hat das Ansehen eines Baumes. Sie blüht im Mai. Die Frucht wird so groß wie kleine Aepfel, hat einen säuerlichen und erfrischenden Geschmack und wird gegessen. Der abgehauene Stamm kann mehrere Jahre auf der Erde liegen

liegen und wachsen; aus dem Grunde hauet man solche Stämme, und setzt sie in Form von Zäunen um die Baumwollen- und andere Plantagen. Diese Zäune dauern nicht nur mehrere Jahre, sondern geben auch vor Menschen und Vieh eine gute Befriedigung.

Die Tuna. *Cactus Tuna* articulato prolifer, articulis ovato oblongis; spinis subulatis.

Linn. p. 460. Sp. pl. p. 669. *Houtt.* II. V. p. 164. *Aubl.* p. 482. Tuna major, spinis validis flavicantibus; flore gilvo. *Dill.* Elth. II. p. 396. Tab. 295. Fig. 380. Tuna major, spinis validis flavicantibus, flore Sulphureo. *Dill.* Elth. II. p. 398. Tab. 296. Fig. 382.

Findet sich allgemein, wächst 3 oder 4 Fuß hoch, blüht im März, April und Mai mit gelben Blumen, und die Frucht wird so groß wie Birnen, ist unreif grün, aber reif roth, hat einen kühlenden Saft und wird mit Appetit gegessen. Man pflanzt diese Feigendistel zu Hecken um Baumwollen- und andern Plantagen, welche eine gute Befriedigung geben.

ben. Das Pflanzen geschieht durch Ableger. Siehe oben S. 74.

Der hochstämmige Cactus. *Cactus elatior* articulato prolifer, articulis ovato-oblongis, spinis subulatis, caule subtereti arboreo. Tuna elatior spinis validis nigricantibus.

Dill. Elth. II. p. 395. Tab. 294. fig. 379. Hort. Cliff. p. 183. n. 14. a. Ficus indica major spinis nigricantibus, floribus purpureis. Hort. Reaum. p. 19. Opuntiae vulgo dictae. *Bauh.* Hist. Plant. 1. p. 156. Opuntia foliis longissimis atroviridantibus maxima Americana. *Breyn.* Prodr. II. p. 79. *Pluk.* Alm. 147.

Findet sich auf dem sogenannten Zuckerhute und andern Klippen um die Insel, und wächst 8 oder 10 Fuß hoch. Der Stamm ist beynahe walzenförmig, 2, 3 oder 4 Fuß von der Erde, nachdem zertheilt er sich wie der vorhergehende. Seine Glieder sind mehr zusammengedrückt, oft $1\frac{1}{2}$ Fuß lang, und also viel größer als die des erstern. Seine Stacheln (spinae) sind von dunkler Farbe (die des

ersten

ersten sind grün), viel länger und schmäler. Er blüht im Mai und Junius mit rothen Blumen. Die Einwohner nennen ihn, so wie den vorhergehenden, Prikle-Pear. Was diese beiden Cactus-Arten von einander unterscheidet, dürfte von ihrem Alter herkommen. Diese wächst auf solchen öden Plätzen, daß sie ungestört viele Jahre steht, die erstern aber nicht so; doch dürfte dieses in der Folge genauer ausgemacht werden.

Der curassavische Cactus. *Cactus curassavicus* articulato-prolifer, articulis cylindrico-ventricosis compressis.

Linn. p. 460. Sp. pl. p. 679. *Houtt.* II. V. p. 166. Ficus indica sive opuntia curassavica minima. *Comm.* Hort. I. p. 107. Tab. 56. Opuntia minima Americana, spinosissima, flore sulphureo. *Bradl.* Succ. I. p. 5. Tab. 4.

Findet sich allgemein, und ist für die Fußgänger eins der beschwerlichsten Gewächse, weil er mit seinen scharfen Stacheln durch Strümpfe und Kleider sticht; dabey ist er so zerbrechlich, daß die Glieder, welche hineinkommen und sich befestigen, abgehen, und nachdem in der Haut und den Kleidern festhängen, so daß man sich nur mit der größten Mühe davon reinigen kann. Die Frucht ist dem Ansehen und Geschmack nach, der vorigen gleich, aber kleiner. Die Einwohner nennen dieses Gewächs Tork - Thistle.

Der Cujavaapfelbaum. *Psidium pomiferum* foliis lineatis acuminatis pedunculis trifloris.

Linn. p. 461. Sp. pl. p. 672. *Jacq.* Obs. II. p. 7. *Houtt.* II. II. p. 527. *Aubl.* p. 487. Gujava alba acida, fructu rotundiore. *Pluk.* Alm. p. 181. Tab. 193. fig. 4. Gujavus agrestis. *Rumph.* T. I. p. 142. Tab. 40. Malaccapela. *Rheed.* Mal. III. p. 33. Tab. 35.

Findet sich allgemein; wächst auf trocknen Stellen und an den Bergseiten zu 6 oder 8 Fuß Höhe, und gleicht dem Ansehen nach einem kleinen Apfelbaum. Er blüht im März und April, und seine Früchte reifen im Julius. Diese sind so groß wie kleine Holzäpfel. Das Holz ist hart und wird zu mehrern Drechslerarbeiten gebraucht. Die Einwohner nennen es Bois de Gujave oder Gujava Tree.

Die

Die brasilianische Myrte. *Myrtus brasiliana* floribus solitariis, pedunculis nudis, petalis subciliatis.

Linn. p. 461. *Sp. pl.* p. 674. *Houtt.* II. II. p. 538. *Aubl.* p. 513. Myrtus pomifera latissimis foliis. *Plum.* Plant. Amer. p. 201. Fig. 1.

Bey St. Jean und mehrern Stellen am Strande. Wächst 9 Fuß hoch und blüht im Junius.

Die nackte oder kahle Myrte. *Myrtus glabrata* racemulis brevissimis axillaribus multifloris, foliis elipticis acuminatis convexis coriaceis glaberrimis.

Swartz. Prodr. p. 78.

Um Gustavia.

Die wohlriechende Myrte. *Myrtus fragrans* pedunculis axillaribus trichothomis simplicibusque, foliis ovatis convexiusculis subcoriaceis punctatis glabris, caule arboreo.

Swartz. p. 79.

Findet sich überall.

Der portulakartige Grensel. *Sesuvium Portulacastrum.*

Linn.

Linn. p. 465. Sp. pl. p. 684. *Houtt.* II. IX. p. 2. *Jacq.* Stirp. p. 155. Tab. 95. Portulaca foliis lanceolatis convexis, pedunculis unifloris. *Loefl.* It. p. 191. Sp. pl. 1. p. 446. Portulaca curassavica angusto longo lucidoque folio, procumbens floribus rubris. *Pluk.* Alm. p. 403. Tab. 216. fig. 1. *Herm.* Par. p. 212. Tab. 212. *Plum.* Plant. Amer. p. 218. Tab. 223. fig. 2. Halimus indicus. *Rumph.* Amb. 6. p. 165. Tab. 72. fig. 1.

Findet sich am Strande bey Carenage.

Der Jcaco oder die Cacaopflaume. *Chryſobalanus Icaco.*

Linn. p. 464. Sp. pl. p. 681. *Houtt.* II. II. p. 581. *Aubl.* p. 513. *Jacq.* Stirp. p. 154. Tab. 94. *Bryant.* p. 244.

Findet sich in den Gärten auf St. Euſtache und an mehrern Orten. Ich fand dieſes Gewächs im April ſowohl mit Blüthen als reifen Früchten. Heißt Cocco Plum-Tree oder Prunier Icaque.

Die doldentragende Marcgravie. *Marcgravia umbellata.*

Linn.

Linn. p. 487. Sp. pl. p. 719. *Jacq.*
Stirp. p. 156. Tab. 96. *Houtt.* II. V.
p. 230. *Aubl.* p. 532.

In Wäldern sowohl auf St. Christoph, als auf St. Barthelemi, und wird von den Einwohnern Bois de Couilles genannt.

Die buschichte Capperſtaude *Capparis frondoſa* pedunculis umbellatis, foliis paſſim confertis.

Linn. p. 488. Sp. pl. p. 1674. *Houtt.*II. V. p. 235. Capparis frondoſo pedunculis umbellatis, foliis ad intervalla frondoſis. *Jacq.* Stirp. p. 162. Tab. 104.

In Wäldern, und wächſt 7 oder 8 Fuß hoch; blüht im März und April.

Die langſchotigte Capperſtaude. *Capparis cynophalophora.*

Linn. p. 488. Sp. pl. p. 721. *Houtt.*II. V. p. 237. *Buchoz* Plant. p. 11. Tab. 9. Capparis Cynallophora. *Jacq.* Stirp. p. 158. Tab. 98.

Findet ſich allgemein; ihre Blätter variiren in Anſehung der Geſtalt ſehr viel, ſie ſind theils eyförmig, theils oval, theils an den

Spitzen

Spitzen ausgezackt, welches vom Alter und Erdboden herrühren dürfte. Sie blüht im April und Mai mit großen weißen Blumen.

Die Breynie. *Capparis Breynia* pedunculis racemosis, foliis perfiftentibus oblongis, calycibus pedunculisque tomentofis, floribus octandris.

Linn. p. 488. Sp. pl. p. 721. *Houtt.* II. V. p 239.

Findet fich überall, wächft 6 oder 8 Fuß hoch und blüht im März und April.

Die fchotigte Capperftaude. *Capparis filiquofa* pedunculis multifloris compreffis, foliis perfiftentibus lanceolato oblongis acuminatis fubtus punctatis.

Linn. p. 488. Sp. pl. p. 721. *Houtt.* II. V. p. 241.

Wächft überall.

Die mexikanische Argemone, oder der Stachelmohn. *Argemone mexicana* capfulis fexvalvibus, foliis fpinofis.

Linn. p. 490. Sp. pl. p. 727. Hort. Cliff. p. 201. *Houtt.* II. IX. p. 105. *Aubl.* p. 532. Papaver fpinofum luteum, foliis

foliis albis venis notatis. *Morif.* Hift. II. p. 277. S. 3. Tab. 14. Fig. 5.

Findet sich an den Straßen und Häusern in Gustavia überall; blüht im März und April, und reift seine Körner im Junius und Julius.

Der amerikanische Mammeybaum. *Mammea Americana* ftaminibus flore brevioribus. *Linn.* p. 492. Sp. pl. p. 731. *Houtt.* II. III. p. 13. *Bryant.* p. 206. *Aubl.* p. 917. *Jacq.* Stirp. p. 268. Tab. 181. Fig. 82. Mammei magno fructu, perfice fapore. *Plum.* Gen. p. 44. Tab. 4. Plant. Amer. p. 163. Tab. 170.

Findet sich angebaut auf St. Christoph und mehrern Inseln, wo die Frucht desselben aufgekauft und nach St. Barthelemi geführt wird. Der Baum wird groß; die Blüthen und Früchte sind nicht in den Gipfeln der Zweige, sondern weiter gegen den Stamm zu, befestigt, wo sie steif und stark sind, wie beym Calebassenbaum (Crescentia Cujete). Vergl. oben S. 51.

Die stachlichte Annone. *Annona muricata* foliis ovato-lanceolatis glabris nitidis planis, pomis muricatis.

Linn.

Linn. p. 508. Sp. pl. p. 756. *Jacq.* obf. 1. p. 10. Tab. 5. *Houtt.* II. III. p. 83. *Aubl.* p. 617. *Bryant.* p. 177. Abhandl. der Königl. Schwed. Akad. für 1786.

Diese findet man allgemein. Sie wächst 12 oder 14 Fuß hoch, blüht im März und April, und die Früchte sind im Junius und Julius reif. Das Holz heißt Corosoll oder Sour-Sop-Tree.

Die schuppigte Annone. Annona fquamoja foliis oblongis fubundulatis, fructibus obtufe fubfquamatis.

Linn. p. 508. Sp. pl. p. 757. *Jacq.* Obf. 1. p. 13. Tab. 6. fig. 1. *Houtt.* II. III. p. 89. Tab. 12. fig. 2. *Aubl.* p. 617. *Bryant.* p. 178. Abhandl. der Königl. Schwed. Akad. für 1768.

Findet sich allgemein in den Wäldern und wächst 8 oder 10 Fuß hoch. Sie blüht im Mai und Junius. Ihre Frucht wird gern von den Vögeln gefressen, daher findet man oft auf den Bäumen nur die leeren Schaalen, welche bereits von den Vögeln ausgehülset

ſet ſind. Die Einwohner nennen den Baum Pommier de Canelle, Sweet-Sop Tree oder Caneelapfel.

Die kammförmige Katzenmünze. *Nepeta Pectiniata* floribus ſpicatis, ſecundis, foliis cordatis nudis, caule frutefcente corollis minimis.

>*Linn.* p. 530. Sp. pl. p. 799. *Houtt.* II. IX. p. 311. *Aubl.* p. 623. Manampodam. *Rheed.* Mal. X. p. 129. Tab. 65.

Auf den Hügeln um Guſtavia; blüht im März, April und Mai und hat einen gewürzhaften Geruch wie Münze (Mentha).

Die rauhe Gesnerie. *Gesneria scabra* foliis lanceolatis ſerratis ſcabris, pedunculis axillaribus, corollis cylindricis recurvis.

>*Swartz.* Prodr. p. 89.

Findet ſich auf St. Chriſtoph in den Wäldern.

Die gelbe Beslerie. *Besleria lutea* pedunculis ſimplicibus confertis, foliis lanceolatis.

>*Linn.* p. 559. Sp. pl. p. 863. *Houtt.* II. V. p. 299. *Aubl.* p. 636.

In den Wäldern auf St. Chriſtoph.

Die

Die hahnenkammartige Besierie. *Besleria cristata.*

Linn. p. 559. Sp. pl. p. 863. *Jacq.* Stirp. p. 188. Tab. 119. *Houtt.* II. V. p. 300. *Aubl.* p. 637. Besleria pedunculis simplicibus solitariis, involucris pentaphyllis. *Plum.* Plant. Amer. p. 37. Tab. 50.

In den Wäldern auf St. Christoph.

Die Katzenklaue. *Bignonia unguis* foliis conjugatis: cirrho brevissimo arcuato tripartito.

Linn. p. 563. Sp. pl. p. 869. *Houtt.* II. V. p. 303. *Aubl.* 657.

Auf St. Eustache um der sogenannten Punschboule. Sie kriecht an den Bergklippen herum und bekleidet sie auf eben die Weise, wie Epheu. Sie blüht im April.

Die fünfblättrigte Bignonie. *Bignonia pentaphylla* foliis digitatis, foliolis integerrimis obovatis.

Linn. p. 563. Sp. pl. p. 840. *Houtt.* II. III. p. 106. Hort. Cliff. p. 497. Leucoxylon arbor siliquosa, quinis foliis, flo-

floribus Nerii Alato femine Americana. *Pluk.* Alm. p. 215. Tab. 200. Fig. 4.

Findet sich allgemein am Strande. Der Baum ist sehr ästig, und laubig, wächst 10 oder 12 Fuß hoch und blüht im Mai und Junius. Das Holz ist hart und wird zu allerley Arbeiten gebraucht. Die Blätter werden von den Ziegen mit Begierde gefressen. Die Einwohner nennen den Baum White Wood.

Die aufrechte Bignonie. *Bignonia flans* foliis pinnatis, foliolis serratis; caule erecto firmo, floribus racemosis.

Linn. p. 564. Sp. pl. p. 871. *Houtt.* II. V. p. 309. Bignonia foliis pinnatis, foliolis lanceolatis serratis. *Plum.* Plant. Amer. p. 44. Tab. 54.

Findet sich in Menge auf allen Hügeln um Gustavia, wächst in 6 oder 7 Fuß höhen und sehr buschigten Gesträuch. Im März, April und Mai macht sie mit ihren schönen gelben Blumen die erste Zierde aus.

Der schmalblättrigte Calebassenbaum. *Crescentia Cujete* foliis cuneato-lanceolatis.

Linn.

Linn. p. 564. Sp. pl. p. 872. *Jacq.* Stirp. p. 175. Tab. III. *Houtt.* II. III. p. 116. *Aubl.* p. 664.

Findet ſich auf mehrern Stellen um Guſtavia und in Curacao-Bay; wächſt an Größe und Anſehen dem Apfelbaum gleich. Die Frucht iſt die größte, welche ich je auf einem Baum geſehen habe, und heißt Calebaſſier; ihre Schaale wird zu Gefäßen gebraucht, worin man Waſſer und dergleichen Sachen ſtehen hat, oft von der Größe 2, 3 oder mehrerer Kannen.

Der wolligte Mehlſtrauch mit Deckblättern. *Lantana involucrata* foliis oppoſitis ternisque cuneato-obovatis obtuſis lineatis tomentoſis, capitulis ſquarroſis.

Linn. p. 566. Sp. pl. p. 874. Amoen. Acad. IV. p. 319. *Houtt.* II. V. p. 315. *Aubl.* p. 665. Camera arboreſcens, Salviae folio. *Plum.* Gen. p. 32. Tab. 2. Lantana inermis, foliis oppoſitis, ovatis, dentatis; floribus capitato-umbellatis folioſa-involucratis. *Plum.* Plant. Amer. p. 60. Tab. 71. Fig. 2.

Allge=

Allgemein um Gustavia; wächſt 4 oder 5 Fuß hoch, blüht im März und April und hat einen ſtarken, gewürzhaften Geruch.

Der ſtachlichte Mehlſtrauch. *Lantana aculeata* foliis oppoſitis, caule aculeato ramoſo, floribus capitato umbellatis.

Linn. p. 566. *Sp. pl.* p. 874. *Mant.* p. 419. *Houtt.* II. V. p. 316. *Aubl.* p. 665.

Findet ſich um Guſtavia, weniger allgemein; wächſt in Büſchen von 5 oder 6 Fuß Höhe und blüht im Mai und Junius.

Die zweyblümige Herzblume. *Capraria biflora* foliis alternis, floribus geminis.

Linn. p. 567. *Sp. pl.* p. 875. *Houtt.* II. V. p. 320. Abh. der Königl. Schwed. Akad. für 1786.

Allgemein um Guſtavia.

Die Ruellie mit langen nackten Blüthenſtielen und unvollkommenen Blumen. *Ruellia clandeſtina* foliis petiolatis pedunculis longis ſubdiviſis nudis.

Linn. p. 575. *Sp. pl.* p. 885. *Houtt.* II. IX. p. 571.

An den Wegen zwiſchen Guſtavia und St. Jean

Die stachlichte Volkamerie. *Volkameria aculeata* spinis petiolorum rudimentis.

Linn. p. 577. Sp. pl. p. 889. *Houtt.* II. V. p. 335. *Aubl.* p. 673.

Um Gustavia.

Die glatte Avicennie. *Avicennia nitida.*

Linn. p. 579. *Houtt.* II. III. p. 125. *Jacq.* Stirp. p. 177. Tab. 112. fig. 1. *Rumph.* amb. III. Tab. 76.

Findet sich allgemein an den Salzteichen im Lande, wächst in 7 oder 8 Fuß hohes Gesträuch, und auch zu größern Bäumen. Das Holz ist hart, läßt sich poliren und wird von Tischlern gebraucht. Die Blätter und unreifen Früchte werden mit Begierde von den Ziegen gefressen. Die Einwohner nennen sie Paletuvier.

Die fünfblättrigte Cleome. *Cleome pentaphylla* floribus gynandris, foliis quinatis, caule inermi.

Linn. p. 604. Sp. pl. p. 938. Hort. Cliff. p. 341. *Houtt.* II. IX. p. 751. *Aubl.* p. 677. Caara veela. *Rheed.* Mal. IX. p. 43. Tab. 42.

Auf

Auf den Straßen in Gustavia, in Baumwollenplantagen und an mehrern Stellen; wächst 1 Fuß hoch und blüht im März und April.

Die amerikanische Waltherie. *Waltheria Americana* foliis ovalibus plicatis serrato dentatis tomentosis, capitulis pedunculatis.

Linn. p. 610. Sp. pl. p. 941. *Houtt.* II. V. p. 356. *Aubl.* p. 678.

Findet sich allgemein um Gustavia, und wächst 2 oder 3 Fuß hoch.

Die salveyblättrige Hermannie. *Hermannia salvifolia* foliis ovatis integris rugosis tomentoso hispidis, floribus cernuis.

Linn. p. 610. Suppl. p. 302.

Findet sich überall.

Die pyramidenförmige Melochie. *Melochia pyramidata* floribus umbellatis, capsulis pyramidatis pentagonis: angulis mucronatis, foliis undatis.

Linn. p. 611. Sp. pl. p. 943. *Houtt.* II. V. p. 364. *Aubl.* p. 679.

Findet sich an den Plantagen und Bergseiten, wächst 2 oder 3 Fuß hoch, und wird von den Ziegen begierig gefressen.

Die mit fünf Staubfäden besetzte Wollsaamenstaude. *Bombax pentandrum* floribus pentandris, foliis septenatis.

Linn. p. 620. *Houtt.* II. III. p. 147. Abhandl. der Königl. Schwed. Akad. für 1790.

Auf einigen Stellen um St. Jean.

Die rautenblättrige Sida. *Sida rhombifolia* foliis lanceolato - rhomboidibus serratis, axillis subspinosis.

Linn. p. 621. Sp. pl. p. 921. *Houtt.* II. X. p 36. *Aubl.* p. 703. *Cavanill.* Diff. de Sida. p. 23. Tab. 3. fig. 12.

Findet sich am Strande.

Die hainbuchenblättrige Sida. *Sida carpinifolia* foliis bifariis ovato lanceolatis serratis; serraturis arctatis, umbellis axillaribus.

Linn. p. 621. Suppl. p. 307. *Cavanill.* p. 21.

Auf trocknen Hügeln um Gustavia; wächst zu 1 oder 2 Fuß hohem Gesträuch, und blüht im Mai und Junius.

Die brennende Sida. *Sida urens* foliis cordatis hispidis, pedunculis multifloris terminalibus glomeratis.

Linn. p. 622. Sp. pl. p. 963. *Hout.* II. X. p. 41. *Cavanill.* p. 15. Tab. 2. fig. 7.

Um Gustavia; wächst 2 oder 3 Fuß hoch und blüht im April und Mai.

Die knaulförmige oder geknaulte Sida. *Sida glomerata* foliis ovato-lanceolatis dentatis subsessilibus; floribus conglomeratis sessilibus.

Cavanill. p. 18. Tab. 2. fig. 6.

Findet sich überall.

Die Sida mit kleinen Saamen. *Sida microsperma* caule flexuoso ramoso: foliis cordatis orbiculato-acutis quinquenerviis, fructu vix calyce majori: seminibus minimis.

Cavanill. p. 29. Tab. 13. Fig. 4.

Findet sich überall auf den Hügeln.

Die schwirrende Sida. *Sida arguta* foliis cordatis serratis apice attenuatis, caule virgato, pedunculis axillaribus filiformibus unifloris.

Swartz. Prodr. p. 101.

Findet sich überall um Gustavia.

Die ährenförmige Malve. *Malva spicata* foliis cordatis crenatis tomentosis, spicis oblongis hirtis.

Linn. p. 624. Sp. pl. p. 967. *Houtt.* II. X. p. 53. *Aubl.* p. 704.

Findet sich im Holze an dem Salzteiche bey St. Jean.

Die amerikanische Urene. *Urena Americana* foliis trifidis basi integris.

Linn. p. 627. Suppl. p. 308.

Auf St. Christoph.

Die religiöse Baumwollenstaude. *Gossypium religiosum* foliis trilobis acutis uniglandulosis, ramulis nigro-punctatis.

Linn. p. 628. *Houtt.* II. V. p. 394.

Diese findet man auf der ganzen Insel angebauet. Von ihr sammlen die Einwohner die schöne und feine Baumwolle, welche an Güte alle andere, die von den übrigen Inseln und dem festen Lande kommt, übertrift.

Der stachlichte Eibisch. *Hibiscus spinifex.*

Linn. p. 629. Sp. pl. p. 978. *Houtt.* II. V. p. 406. *Aubl.* p. 706. Abutilon Americanum fruticosum, folio subrotundo tudo, flore luteo, fructu aculeato majore. *Plum.*Plant. Amer. p.1. Tab.1.

Findet sich überall.

Die amerikanische Morisonie. *Morisonia Americana.*

Linn. p. 632. Sp. pl. p.719. *Houtt.* II. III. p.161. *Jacq.* Stirp. p.156. Tab 97.

Findet sich an den Wegen zwischen St Jean und der französischen Kirche im Holze. Sie heißt Bois Mabouia (Teufelsbaum).

Der Paternoster-Abrus. *Abrus precatorius.*

Linn. p. 641. *Houtt.* II. V. p. 436. Glycine abrus. *Linn.* Sp. pl. p.1025. *Aubl.* p.765. Abrus frutex. *Rumph.* Amb.V. p.57. Tab.32. Konni. *Rheed.* Mal. 8. p. 71. Tab. 39.

Findet sich allgemein zwischen dem Gesträuch. Ihre Körner werden von den Negerinnen und Kindern gesammelt, durchbohrt und auf einen Drath oder Zwirnsfaden gereihet, und nachdem am Halse statt der Perlen getragen.

Die gemeine Korallenpflanze. *Erythrina corallodendrum* foliis ternatis inermibus, caule arboreo aculeato.

Linn. p. 642. Sp. pl. p. 992. *Houtt.* II. III. p. 170.

Findet sich in den Wäldern auf St. Christoph und heißt Bois immortel.

Der Fischfänger mit eyförmigen Blüthen. *Piscidia Erythrina* foliolis ovatis.

Linn. p. 642. Sp. pl. p. 993. *Houtt.* II. III p. 175.

Findet sich an den Seiten der Berge und rings am Strande. Der Baum wächst 20 oder 24 Fuß hoch, und blüht im Mai und Junius, während welcher Zeit er fast alles Laub verliert.

Die bestäubte Klapperschoote. *Crotalaria incana* foliis ternatis ovatis acuminatis, stipulis feraceis, leguminibus hirsutis.

Linn. p. 650. Sp. pl. p. 1005. Mant. p. 440. Hort. Cliff. p. 358. *Houtt.* II. X. p. 103. *Jacq.* obs. 4. p. 4. Tab. 82.

Findet sich allgemein.

Die unterirrdische Erdeichel. *Arachis hypogaea.*

Linn.

Linn. p.655. Sp. pl. p.1040. *Houtt.* II. X. p.122. *Aubl.* p.765.

Die Früchte werden überall auf den Straßen in Gustavia verkauft, aber von den französischen Inseln dorthin gebracht.

Die säbelförmige Fasel. *Dolichos ensiformis* volubilis, leguminibus gladiatis dorso tricarinatis, seminibus avillatis.

Linn. p.657. Sp. pl. p.1022. Hort. Cliff. p. 360. *Houtt.* II. X. p.146. *Aubl.* p. 764. *Rumph.* Amb. V. p.376. Tab. 135. fig. 1. *Rheed.* Mal. 8. p. 85. Tab. 44.

Findet sich in einem Felsensturze an der nordlichen Seite des Castells, bey der Publique=Bay. Ihre Stengel und Ranken kriechen auf den Steinen und Gesträuchen 7 oder 8 Fuß lang und stellen ein artiges Erbsenfeld dar. Die Saamen sind so groß wie Gartenbohnen, eyförmig, und von Farbe grau. Die Einwohner halten diese Bohnen für giftig und machen keinen Gebrauch davon. Man erzählte mir, daß mehrere Menschen, welche davon gegessen sich theils übel befunden, theils davon gestorben wären, welches auch mehrere

mir

wir einbilden wollten, unter andern Hr. D. Chr. Calender, weil wir neuerlich diese Speise versucht hatten; aber ohnerachtet wir ziemlich davon gegessen hatten, so bekam sie uns doch recht wohl. Diese Erbsen sind sehr wohlschmeckend und würden an mehrern Stellen angebauet zu werden verdienen, besonders an den steinigen Stränden des Landes. Das ungegründete Gerücht, daß sie giftig wären, kommt gewiß von andern Gewächsen, z B. dem Mancinellenbaum, welcher in der Nähe wächst.

Die ägyptische Fasel. *Dolichos Lablab* volubilis leguminibus ovato-acinaciformis; feminibus ovatis hilo arcuato versus alteram extremitatem.

Linn. p. 657. Sp. pl. p. 1019. *Houtt.* II. X. p. 143. *Aubl.* n. 763.

Findet sich im Lande angebauet.

Die filzige Bohrblume oder Glycine. *Glycine tomentosa* foliis ternatis tomentosis, racemis brevissimis axillaribus, leguminibus dispermis.

Linn.

Linn. p.659. Sp. pl. p.1024. *Houtt.* II. X. p 165.

Auf St. Euſtache und St Chriſtoph.

Die harzige Glycine. *Glycine bituminoſa* foliis ternatis, floribus racemoſis, leguminibus tumidis villoſis.

Linn. p.660. Sp. pl. p.1024. *Houtt.* II. X. p.166.

Auf St. Euſtache um der ſogenannten Punſchboule.

Der Indianiſche wolligte Geisklee. *Cytiſus Cajan* racemis axillaribus erectis, foliolis ſublanceolatis tomentoſis: intermedio longius petiolato.

Linn. p.666. Sp. pl. p.1041. *Jacq.* obſ. 1. p. 1. *Houtt.* II. V. p. 507. *Aubl.* p.768. *Bryant.* p.312. Thora Poerou. *Rheed.* Mal. p.23. Tab. 13. Phaſeolus erectus incanus, ſiliquis toroſis. *Pluk.* Alm. p.293. Tab.213. fig. 3. Cytiſus fruteſcens. *Plum.* Plant. Amer. p.19. Tab.114. Fig. 4.

Findet ſich in Hecken um Baumwollen- und andern Plantagen; er wächſt 7 oder 8 Fuß hoch, blüht im Februar, März, April,

April, Mai und Junius. Seine Früchte oder Erbsen werden eben so wie grüne Pfahlerbsen zubereitet und verspeißt; auch werden sie täglich unter dem Namen von Pigeon Pea (Taubenerbsen) in den Straßen von Gustavia zum Verkauf umhergetragen.

Die großblümigte Schampflanze. *Aeschynomene grandiflora* caule arboreo, floribus maximis, leguminibus filiformibus.

Linn. p. 671. Sp. pl. p. 1060. *Houtt.* II. III. p. 183.

Findet sich sowohl auf St. Barthelemi als mehrern westindischen Inseln an mehrern Stellen angebauet.

Der graulichte Hahnenkopf. *Hedysarum canescens* foliis ternatis subtus scabris. Caule hispido, floribus racemosis conjugatis.

Linn. p. 674. Sp. pl. p. 1054. *Houtt.* II. V. p. 532. *Aubl.* p. 774.

Auf St. Christoph.

Die caraibische Geisraute. *Galega caribaea* leguminibus strictis glabris pendulis racemosis, foliolis glabris mucronatis, caule fruticoso.

Linn.

Linn. p. 679. *Houtt.* II. X. p. 254.
Jacq. Stirp. p. 212. Tab. 125.

Findet sich allgemein und blüht im April, Mai und Junius.

Der gemeine Citronenbaum. *Citrus medica* petiolis linearibus.

Linn. p. 697. Sp. pl. p. 1100. *Houtt.* II. III. p. 192. *Aubl.* p. 780. *Bryant.* p. 189.

Findet sich allgemein. Ihre Früchte heißen Limonien, und werden zu Punsch und Limonade statt der Citronen gebraucht.

Der Pomeranzenbaum. *Citrus aurantium* petiolis alatis acuminatis.

Linn. p. 697. Sp. pl. p. 1100. Hort. Cliff. p. 379. *Houtt.* II. III. p. 193. *Aubl.* p. 780. *Bryant.* p. 190. Abhandl. der Königl Schwed. Akad. für 1786.

Findet sich überall in den Wäldern, wächst 16 bis 20 Fuß hoch und hat oft zu einer und derselben Zeit Blüthen und reife Früchte. Das Holz ist hart, läßt sich poliren und wird von Tischlern zu eingelegter Arbeit gebraucht. Die Einwohner nennen es Orange Tree.

Der martiniqueische Rofer. *Symplocos martinicensis.*

Linn. p. 699. Sp. pl. p. 747. *Jacq.* Stirp. p. 166.

Auf St. Christoph.

Der glatte Rofer. *Symplocos glabra* foliis lanceolatis serratis glabris, pedunculis axillaribus unifloris.

Auf St. Christoph.

Die Bastard-Fleckblume. *Spilanthus pseudo-acmella* foliis lanceolatis serratis, caule erecto.

Linn. p. 731. Mant. p. 475. Verbesina pseudo-acmella. *Linn.* Sp. pl. p. 1270. *Houtt.* II. X. p. 533.

Findet sich überall.

Die wahre Fleckblume. *Spilanthus acmella* foliis ovatis serratis, caule erecto, floribus radiatis.

Linn. p. 731. Mant. p. 475. Verbesina acmella. *Linn.* Sp. pl. p. 1271. *Houtt.* II. X. p. 533.

Auf St. Christoph.

Der laubigte Zweyzahn. *Bidens frondosa* foliis pinnatis serratis lineatis glabris,

semi-

seminibus erectis, calycibus frondosis, caule laevi.

Linn. p. 732. Sp. pl. p. 1166. *Houtt.* II. X. p. 541.

An den Bergen auf St. Christoph; war 2 oder 3 Fuß hoch und blüht im März und April.

Eupatorium coelestinum foliis cordato ovatis obtuse serratis petiolatis, calycibus multifloris.

Linn. p. 736. Sp. pl. p. 1174. *Houtt.* II. X. p. 558.

Findet sich auf dem östlichen Ende der Insel.

Das aromatische Kunigundkraut. *Eupatorium aromaticum* foliis ovatis obtuse serratis trinerviis, calycibus simplicibus.

Linn. p. 736. Sp. pl. p. 1175. *Houtt.* II. X. p. 558.

Auf St. Christoph.

Das dünnblättrigte Kunigundkraut. *Eupatorium macrophyllum* foliis cordatis trinervatis serratis.

Linn. Sp. pl. p. 1175. Eupatorium petasitidis folio. *Plum.* Plant. Amer. p. 121. Tab. 129. *Aubl.* p. 799.

Findet sich auf St. Christoph an den Seiten der Berge; wächst 5 oder 6 Fuß hoch und blüht im März und April.

Das traubenförmige Kunigundkraut. *Eupatorium corymbosum* foliis cordatis obtusis, inciso repandis; corymbis fastigiatis.

Aubl. p. 799. *Plum.* Plant. Amer. p. 121. Tab. 130.

Findet sich an den Bergseiten; wächst 3 Fuß hoch und blüht im April, Mai und Junius.

Das baumartige Dürrkraut. *Conyza arborescens* foliis ovatis integerrimis, acutis subtus tomentosis, spicis recurvatis secundis, bracteis reflexis.

Linn. p. 753. Sp. pl. p. 1209. *Houtt.* II. VI. p. 93.

Findet sich in den Wäldern auf hohen Stellen; und wächst 8 oder 9 Fuß hoch. Das Holz ist hart und zähe. Die Pflanze blüht im März und April.

Das philadelphische Flöhkraut. *Erigeron philadelphicum* caule multiflore, foliis lanceolatis subserratis; caulinis semiamplexicaulibus, flosculiis radii capilaceis longitudine disci.

Linn.

Linn. p.754. Sp. pl. p.1211. *Houtt.* II. X. p.623.

Auf St. Eustache, auf der sogenannten Punschboule.

Die höchste Goldruthe. *Solidago altissima* paniculato corymbosa, racemis recurvatis, floribus adscendentibus, foliis enerviis serratis.

Linn. p.763. Sp. pl. p.1233. *Houtt.* II. X. p.681.

Auf St. Eustache in den Yamspflanzungen um den Punschboulenberg, es wächst 3 oder 4 Fuß hoch und blüht im April.

Die steife Goldruthe. *Solidago rigida* foliis caulinis ovatis scabris, ramis alternis fastigiatis, corymbis terminalibus.

Linn. p.764. Sp. pl. p.1235. *Houtt.* II. X. p.685.

Findet sich allgemein auf den Hügeln um Gustavia. Es wächst 2 oder 3 Fuß hoch und blüht im Mai und Junius.

Die staudige Verbesine. *Verbesina fruticosa* foliis oppositis ovatis serratis petiolatis, caule fruticoso.

Linn.

Linn. p. 779. Sp. pl. p. 1271. *Houtt.* II. X. p. 820.

Allgemein auf Hügeln; wächst zu einem buschigten Gesträuch und blüht im April und Mai.

Das strauchartige Rindsauge. *Buphthalmum frutescens* foliis oppositis lanceolatis, petiolatis bidentatis, caule fruticoso.

Linn. p. 780. Sp. pl. p. 1273. Hort. Cliff. p. 415. *Houtt.* II. VI. p. 119. Corona foliis frutescens; lychnidis folio carnoso, flore luteo. *Plum.* Plant. Amer. Tab. 107. fig. 1. Chrysanthemum ex Insulis Caribaeis, Leucoji incanis et sericeis foliis crassis. *Pluk.* Alm. p. 102. Tab. 115. fig. 4.

Findet sich am Seestrande, gegen das östliche Ende der Insel, und besonders beym Meerbusen l'Anse Marigot. Sie wächst bis 3 Fuß hoch, und variirt oft auf einer und derselben Wurzel mit filzigen (tomentosa) und glatten (glabra) Blättern. Einige Blattstiele hatten zwey Zähne, andere nicht. Diese Pflanze scheint daher mit der baumartigen Streichblume (Buphth. arborescens) so nahe über=

einzu=

einzukommen, daß man kaum einen sichern Unterschied zwischen ihnen wahrnehmen, sondern sie nur blos als Abänderungen ansehen kann. S. *Dill.* Elth. T. I. p 43. 44. Tab. 38.

Der südliche Geisfuß. *Melampodium australe* caule decumbente, foliis ovatibus serratis.

Linn. p. 790. Sp. pl. p. 1303. *Houtt.* II. XI. p. 76. Melampodium australe seminibus quinque oblongis hispidis, calyce pentaphyllo, caule decumbente. *Loefl.* Iter. p. 168. Melampodium foliis lanceolatis, caulibus procumbentibus. *Plum.* Plant. Amer. p. 84. Tab. 95. Fig. 2.

Findet sich um Gustavia auf den Klippen am Strande, ist eine kleine kriechende Pflanze, und blüht im März, April und Junius mit gelben Blumen.

Die dreyseitige Lobelie. *Lobelia triquetra* caule erecto, foliis lanceolatis dentatis, racemo terminale aphyllo.

Linn. p. 800. Sp. pl. p. 1323. *Houtt.* II. XI. p. 122.

Auf St. Eustache in den Wäldern; wächst 3 oder 4 Fuß hoch und blüht im April.

Die ſtoppelnartige Viole. *Viola ſtipularis* caule ſimplice repente, foliis ovato lanceolatis ſerratis glabris, ſtipulis ciliatis, pedunculis ſolitariis terminalibus.

Swartz. Prodr. p. 117.

Findet ſich in den Wäldern auf St. Chriſtoph, woſelbſt ich ein Exemplar antraf. Sie iſt ſchwer zu finden weil ſie auf der Erde hinkriecht, und von mehrern größern Gewächſen überdeckt wird. Sie blüht im April.

Die wegbreitartige Bocksgeile. *Satyrium plantagineum* bulbis ſubfibroſis, foliis caulinis ovatis petiolatis vaginantibus, nectarii labio integro.

Linn. p. 812. Sp. pl. p. 1338. *Swartz.* p. 118. *Houtt.* II. XII. p. 500. *Aubl.* p. 816.

Auf St. Chriſtoph an den Seiten der Berge.

Die äſtige Vanille. *Epidendrum ramoſum* caule ramoſiſſimo ſubfruteſcente, foliis linearibus emarginatis, racemis terminalibus compreſſis.

Swartz.

Swartz p. 120. Epidendrum ramosum. *Jacq.* Stirp. p 221. Tab 132.

Auf St. Eustache und dem Punschboulenberge.

Die scharlachrothe Vanille. *Epidendrum coccineum* foliis caulinis ensiformibus obtusis, pedunculis unifloris axillaribus confertis

Linn. p. 818. Sp. pl. p. 1348. *Houtt.* II. XI. p. 161. *Aubl.* p. 821. *Jacq.* Stirp. p. 222. Tab 135.

In den Wäldern auf St. Christoph, wo sie die Stämme der größern Bäume mit ihren rothen und schönen Blumen ausschmückt.

Die gefranzte Vanille. *Epidendrum ciliare* foliis oblongis aveniis, nectarii labio tripartito ciliato: intermedia lineari, caule bifolio.

Linn. p. 818. *Houtt.* II. XI. p. 163. *Aubl.* p. 822. Epidendrum ciliare caule bifolio; nectarii labio tripartito, ciliato; lacinia intermedia lineari. *Jacq.* Stirp. p. 224. Tab. 179. fig. 89. Helleborine graminea foliis rigidis, cari-

carinatis. *Plum.* Pl. Am. p. 174. Tab. 179. fig. 2.

Auf St. Eustache und dem Punschboulenberge.

Die zweyschneidige Vanille. *Epidendrum anceps* foliis caulinis oblongis; spicis laxis, nectarii labio inferiore semitrilobo; caule ancipiti.

Jacq. Stirp. p. 224. Tab. 138.

Auf St. Christoph in den Wäldern, auf den Stämmen größerer Bäume.

Die Vanille mit kugelrunden Saamenkapseln. *Epidendrum globosum* foliis teretibus canaliculatis, floribus terminalibus subsolitariis, labio ovato acuto capsulis globosis.

Swartz. p. 121. *Jacq.* Stirp. p. 222. Tab. 133. fig. 1.

Auf St. Christoph im Holze.

Die unregelmäßige Vanille. *Epidendrum difforme* foliis caulinis oblongis, floribus terminalibus, aggregatis, nectarii tubo longitudine corollae.

Jacq. Stirp. p. 223. Tab. 136. *Aubl.* p. 824.

Auf St. Christoph in den Wäldern an den Stämmen der größern Bäume.

Die scharlachrothe Passionsblume. *Passiflora coccinea* foliis cordatis serratis petiolatis, glandulosis; floribus coccineis: fructu flavo.

Aubl. p. 828. Tab. 324.

Findet sich bey St. Jean am Strande.

Die apfelförmige Passionsblume. *Passiflora maliformis* foliis indivisis cordato-oblongis integerrimis: petiolis biglandulosis, involucris integerrimis.

Linn. p. 821. Sp. pl. p. 1355. *Houtt.* II. VI. p. 170. *Aubl.* p. 831. *Bryant.* p. 208.

Findet sich auf St. Eustache angebauet. Die Frucht wird gegessen und heißt Grenadill. Siehe oben S. 55.

Die rothe Passionsblume. *Passiflora rubra* foliis bilobis cordatis acuminatis, subtus subtomentosis, Petioli eglandulosi.

Linn. p. 822. Sp. pl. p. 1356. Amoen. Acad. I. p. 222. fig. 9. *Houtt.* II. VI. p. 184. *Aubl.* p. 831.

An den Bergen auf St. Christoph.

Die korkartige Paſſionsblume. *Paſſiflora ſuberoſa* foliis trilobis ſubpeltatis, cortice ſuberoſo.

Linn. p. 823. Sp. pl. p. 1358. *Houtt.* II. VI. p. 191. *Aubl.* p. 832.

Findet ſich auf ſteinigen Stellen am Strande.

Die ſtinkende Paſſionsblume. *Paſſiflora foetida* foliis trilobis cordatis piloſis, involucris multifido-capilaribus.

Linn. p. 823. Sp. pl. p. 1359. Amoen. Acad. I. p. 228. Hort. Cliff. p. 431. *Houtt.* II. VI. p. 192. *Aubl.* p. 833. Flos paſſionis albus. *Herm.* Par. p. 173. Tab. 173.

Findet ſich allgemein auf Hügeln und ſteinigen Stellen um Guſtavia.

Der fremde Aron. *Arum peregrinum.* *Linn.* p. 827. Sp. pl. p. 1369. *Houtt.* II. XI. p. 188. *Aubl.* p. 835. *Bryant.* p. 4. Arum acaule, foliis cordatis, obtuſis. *Plum.* Pl. Am. Tab. 36.

Findet ſich in Menge auf St. Chriſtoph an den Bergen unter dem dichten Holze.

Der

Der geflügelte Aron. *Arum lingulatum.*
> *Linn.* p. 828. Sp. pl. p. 1371. *Houtt.* II. XI. p. 197. *Aubl.* p. 835. Arum scandens maximum. *Plum.* Plant. Amer. Tab. 37.

In den Wäldern auf St. Christoph, wo er die Stämme der größern Bäume überzieht und ausschmückt.

Die herzförmige Pothos. *Pothos cordata* foliis cordatis.
> *Linn.* p. 829. Sp. pl. p. 1373. *Houtt.* II. XI. p. 208. *Aubl.* p. 840.

An den Bergen unter den größern Holzarten auf St. Christoph.

Der Mais, oder türkische Weitzen. *Zea Mays.*
> *Linn.* p. 841. Sp. pl. p. 1378. Hort. Cliff. p. 437. *Houit.* II. XIII. p. 493. Tab. 87. fig. 9. *Aubl.* p. 847. *Bryant.* p 348. Abhandl. der Königl. Schwed. Akad. für 1786. Mays. *Tournef.* Inftit. III. Tab. 303. 304. 305. Frumentum Indicum Mays dictum. *Moris.* Hift. T. III. p. 248. S. 8. Tab. 13. fig. 1. 2. 3.

Dieser

Dieser wird von einigen Einwohnern unter den Namen Turkey Wheat, Indian Wheat oder Mays gebauet; er wächst gut und ist ein ziemlich einträgliches Getreide *).

Das Zwitter=Löchergras. *Tripsacum hermaphroditum* spica hermaphrodita.

Linn. p. 842. Sp. pl. p. 1379. *Houtt.* II. XIII. p. 509.

Am Seestrande bey St. Jean und an mehrern Orten.

Die zweyzeilige Cicca. *Cicca disticha.*

Linn. p. 848. Mant. p. 124. *Houtt.* II. VI. p. 224.

Findet sich an den Seesträndern.

Die Zwergnessel. *Urtica pumila* foliis oppositis ovatis, racemis bipartitis.

Linn. Sp. pl. p 1395. *Houtt.* II. XI. p. 225.

Findet sich an feuchten Orten unter den Bäumen und an den Bächen auf St. Christoph.

Die

―――――――――
*) Ich brauche hier wohl kaum zu erwähnen, daß die Kultur dieser bekannten Pflanze in vielen Ländern von Europa im Großen mit vielen Vortheil getrieben wird.

Blumhof.

Die glaskrautartige Nessel. *Urtica parietaria* foliis oppositis lanceolatis integerrimis, hinc angustioribus.

Linn. p. 850. Sp. pl. p. 1397. *Houtt.* II. XI. p. 233.

Findet sich um den Punschboulenberg auf St. Eustache.

Die zarthärige Nessel. *Urtica ciliaris* foliis oppositis ovato ciliatis, racemis divaricatis.

Linn. p. 850. *Houtt.* II. XI. p. 233.
Aubl. p 854.

In den Wäldern auf St. Christoph.

Die ausgebreitete Nessel. *Urtica diffusa* foliis oppositis ovatis acute serratis hispidis, stipulis revolutis, racemis paniculatis folio longioribus; caulibus procumbentibus.

Swartz. p. 35. Abhandl. der Königl. Schwed. Akad. für 1785.

In den Wäldern auf St. Christoph.

Urtica trianthemoides foliis oppositis oblongis integerrimis, alternis majoribus, floribus monoicis, caule erecto ramoso.
Swartz.

Swartz. p. 37. Abhandl. der Königl. Schwed. Akad. für 1785.

Findet sich auf steinigen und feuchten Stellen am Strande.

Die vielspaltige Parthenie. *Parthenium hysterophorus* foliis multifido compositis.

Linn. p. 812. Sp. pl. p. 1402. *Houtt.* II. XI. p. 248. *Aubl.* p. 854. Matricariae Achaovan dictae similis, Erysimi foliis, Absinthii sapore Jamaicensis. *Pluk.* Alm. Tab. 45. fig. 3.

Findet sich allgemein auf den Straßen in Gustavia; wächst 1 oder 2 Fuß hoch und blüht im April, Mai und Junius. Die schwedischen Soldaten nennen sie Wermuth (Malört), weil sie in Ansehung des Geschmacks und des Ansehens mit demselben übereinkommt.

Der vielehigte Amaranth. *Amaranthus polygamus* glomerulis diandris subspicatis ovatis, floribus hermaphroditis foeminisque, foliis lanceolatis.

Linn. p. 853. Sp. pl. p. 1403. *Houtt.* II. XI. p. 254. *Aubl.* p. 855.

Findet sich wie die vorige, auf den Straßen in Gustavia.

Der

Der ſtachlichte Amaranth. *Amaranthus spinosus* racemis pentandris cylindricis erectis, axillis spinosis.

Linn. p. 854. Sp. pl. p. 1407. *Houtt.* II. XI. p. 264. *Aubl.* p 856.

Auf Hügeln und andern hohen Plätzen auf St. Chriſtoph.

Das breitblättrigte Nervengras. *Pharus latifolius.*

Linn. p. 855. Sp. pl. p. 1408. *Houtt.* II. XIII. p. 552. *Aubl.* p. 859.

Auf St. Euſtache um den Punſchboulenberg.

Die purpurrothe Begonie. *Begonia purpurea* caulescens, erecta, foliis cordatis ovato lanceolatis, obsolete serratis obliquis; floribus paniculatis.

Swartz. p. 86.

Unter den Bäumen auf St. Chriſtoph; wächſt 2 oder 3 Fuß hoch und blüht im März und April.

Das coriſche Brennkraut. *Acalypha corensis* floribus foemineis terminalibus distinctis, involucris triphyllis, spicis masculis axillaribus involucratis, foliis ovatis serratis.

Swartz.

Swartz. p. 99. Acalypha corensis involucris foemineis triphyllis, foliis oblongo ovatis *Jacq.* Stirp. p. 254. Tab. 161.

Findet sich auf den Hügeln an den Bergseiten und am Strande. Sie wächst 3 oder 4 Fuß hoch, und blüht im März, April und Junius.

Das bunte Croton. *Croton variegatum* foliis lanceolatis integerrimis glabris pictis petiolatis.

Linn. p. 863. Sp. pl. p. 1424. *Houtt.* II. VI. p. 241.

In den Wäldern auf St. Christoph.

Das Balsamcroton. *Croton balsamiferum* foliis ovato lanceolatis scabris integerrimis, subtus tomentosis.

Linn. p. 864. *Houtt.* II. VI. p. 258.

Findet sich allgemein auf den Hügeln im ganzen Lande.

Die baumwollenblättrige Brechnuß. *Jatropha gossypifolia* foliis quinque partitis: lobis ovatis integerrimis: setis glandulosis ramosis.

Linn.

Linn. p. 865. Sp. pl. p. 1428. *Houtt.* II. VI. p. 266. *Aubl.* p. 883. Jatropha Curcas. Abhandl. der Königl. Schwed. Akad. für 1786.

Findet sich im Garten des Kapitain Bagge unweit des Castells angebauet und heißt Medicinier; sie blüht im Junius und Julius. S. 76.

Die Cassavawurzel. *Jatropha Manihot* foliis palmatis: lobis lanceolatis integerrimis laevibus. Stam. 10.

Linn. p. 865. Sp. pl. p. 1426. *Houtt.* II. VI. p. 272. *Aubl.* p. 884. *Bryant.* p. 9. Abhandl. der Königl. Schwed. Akad. für 1786. Manihot inodorum sive jucca foliis cannabinis. *Pluk.* Alm. p. 241. Tab. 205. fig. 1.

Findet sich allgemein auf steinigen und trocknen Stellen angebauet und wächst 4 oder 5 Fuß hoch. Wie die Einwohner die Wurzel von dem giftigen Mehl befreyen, und nachdem daraus Mehl, Grütze und Brod bereiten, ist bereits oben angeführt.

Der gemeine Wunderbaum. *Ricinus communis* foliis peltatis subpalmatis serratis. *Linn.* p. 865. Sp. pl. p. 1430. *Houtt.* II. VI. p. 280. *Aubl.* p. 884. Abhandl. der Königl. Schwed. Akad. für 1786. Ricinus albus. *Rumph.* Amb. IV. p. 92. Tab. 41.

Findet sich auf den Hügeln um Gustavia, und wächst 10 oder 12 Fuß hoch. Die Stämme läßt man austrocknen und braucht sie als Brennholz. Die frischen Blätter legt man unter den Hut gegen die Sonnenhitze, um den Kopf gegen Kopfschmerzen zu schützen, auf geschwollne Beine und auf solche Höcker und kleine Geschwüre, welche durch die Sand=flöhe (Pulex penetrans) verursacht werden, um die Hitze herauszuziehen und den Schmerz zu vermindern. Die Körner sind so groß wie deutsche Bohnen, und sitzen ihrer drey in je=dem Saamenbehälter. Man kocht aus den=selben ein Oel (Oleum Ricini), welches von den Einwohnern **Karapatöl** genannt wird. Der Baum selbst nennen sie Karapate oder Palma Christi.

Der apfeltragende Manchinellenbaum.
Hippomane Mancinella foliis ovatis serratis basi biglandulosis.

Linn. p. 866. Sp. pl. p. 1431. *Houtt.* II. III. p. 339. *Aubl.* p. 885. Abhandl. der Königl. Schwed. Akad. für 1786. und 1790. Tab. X. (welches zugleich die hierbey befindliche Figur ist).

Dieser Baum findet sich allgemein an den Stränden bey Gustavia und an mehrern Orten, und ist so wie seine Früchte, sehr giftig. Der Baum wächst groß und ästig wie Apfelbäume. Wenn man in die Borke oder in einen Ast hauet, so fließt ein weißer und milchartiger Saft aus dem Holze, welcher wenn er auf den bloßen Körper kommt, sehr giftig und fressend ist. Wenn ein Baum gehauen werden soll, so macht man zuerst rings um denselben an der Wurzel, ein Feuer an, damit die Borke und der Saft verbrenne, wo man nachdem das Holz mit Sicherheit hauen kann. Es ist mehreremale geschehen, daß Sklaven, welche dergleichen Holz hauen sollten, von dem Saft, welcher während des Hauens auf ihre bloßen Körper gekommen war, sehr übel gebrannt

gebrannt und beschädigt wurden. Das Holz wird auf mehrere Weise zu Kniehölzern in Booten und Fahrzeugen, allerley Tischlerarbeiten ꝛc. genützt. Wenn es trocken ist, theilt das Holz noch Gift mit, weßhalb sich die Arbeiter beym Sägen und Verarbeiten hüten müssen, die Luft welche vom Holze kömmt und mit seinem Gifte oder Geruche vermischt ist, nicht einzuathmen, woraus Steifigkeit, Schmerzen, Geschwulst und Inflammation im Halse entstehen. Das Holz muß in freyer Luft oder auch in einem Zimmer wo während der Arbeit Fenster und Thüren geöfnet werden können, gesägt werden, damit die Giftigkeit sich mit dem Luftzuge vertheilen möge. Geschieht das Sägen in einem verschlossenen oder zugemachten Raum, als in einer engen Werkstatt, so wird oft der ganze Platz vergiftet, und alle welche im Zimmer sind, bekommen Kopfweh und werden von den obengenannten Krankheiten angegriffen. Ein solcher Fall trug sich im Jahre 1786. in Gothenburg bey dem Tischlermeister Müller zu. — Die Frucht gleicht den Aepfeln, ist nicht weniger giftig, als der Saft und das Holz. Es geschieht

schieht oft, daß unerfahrne Reisende, Seeleute und andere, welche diese Früchte für Aepfel ansehen, und solche essen, nachher den schwersten Krankheiten, gleichsam wie von merkurialischen Dingen, ausgesetzt werden, welche vielen das Leben kosten. Man kann die Vergiftung vermindern, und den Unglücklichen helfen, wenn man sie gleich häufig Oel oder süße Milch trinken läßt; vom Oel hat man Beyspiele, daß mehrere geholfen worden sind, wenn sie gleich eine Bouteille oder mehr davon tranken — Man muß sich auch hüten, daß man nicht unter diesen Bäumen liegt oder sitzt, wenn die Sonne scheint, wo man ebenfalls wahrnimmt, daß sie ihr Gift mittheilen. Geht oder steht man darunter wenn es regnet, und die Wassertropfen fallen von den Blättern auf die bloße Haut, so sollen sie nach dem Bericht mehrerer ebenfalls brennend und fressend seyn.

Der Sandbüchsenbaum. *Hura Crepitans. Linn.* p. 867. Sp. pl. p. 1431. *Houtt.* II. III. p. 448. *Aubl.* p. 885. *Trew.* Ehret. p. 8. Tab. 34. 35. fig. 1. *Buchoz* Plant. p. 46. Tab. 44.

Findet sich gepflanzt an den Zäunen auf St. Eustache und St. Christoph, und vom Kapitain und Ritter Bagge in seinen kleinen und schönen Garten. Der Baum heißt Sand-Box Tree oder Sand-Dose-Trädet, wächst 16 oder 20 Fuß hoch, sehr ästig und gleicht dem Apfelbaum. Die Frucht wird von der Rinde und den Kernen gereinigt, und zu Sandbüchsen gebraucht, welche oft von der Trockniß mit einem starken Knall auf dem Tische zerspringen, so daß die Stücken im Zimmer herumfliegen. S. 76.

Der gemeine Balsamapfel. *Momordica Balsamina* pomis angulatis tuberculatis, foliis glabris patenti-palmatis.

Linn. p. 868. Sp. pl. p. 1433. *Houtt.* II. XI. p. 295. *Aubl.* p. 886.

Auf mehrern Stellen an Staketen gepflanzt. Die Frucht wird gegessen und heißt Mö-Domm. Das Gewächs klimmt wie die Passionsblume, und dient zu lebendigen Lauben und Lusthäusern.

Der bedeckte Balsamapfel. *Momordica operculata* pomis angulato tuberculato, apice deciduo-operculatis foliis lobatis.

Linn.

Linn. p. 868. Sp. pl. p. 1433. *Houtt.* II. XI. p. 297. *Aubl.* p. 886.

In Herrn Baggens Garten beym Castell.

Die amerikanische Gurke. *Cucumis anguria* foliis palmato-sinuatis, pomis globosis echinatis.

Linn. p. 869. Sp. pl. p. 1436. *Houtt.* II. XI. p. 320. *Aubl.* p. 887.

Findet sich allgemein auf den Hügeln um Gustavia. Die Früchte sind so groß wie Taubeneyer, oder kleine Aepfel; man salzt sie zwischen spanischen Pfeffer in Essig ein, und verwahrt sie in gläsernen Flaschen, wo sie nachdem bey gewissen Gerichten statt der gewöhnlichen Gurken gegessen werden.

Die zeylanische rauhe Gichtrübe. *Bryonia laciniosa* foliis palmatis lanceolatis serratis, petiolatis muricatis.

Linn. p. 870. Sp. pl. p. 1438. *Houtt.* II. XI. p. 332.

Findet sich in den Wäldern, sowohl hier als auf den übrigen Inseln; sie kriecht und bekleidet die größern Bäume oft bis zum Gipfel.

Der schildförmige Trompetenbaum. *Cecropia peltata.*

Linn. p. 878. Sp. pl. p. 1449. *Houtt.* II. III. p. 477. *Aubl.* p. 894. *Jacq.* obf. 2. p. 12. Tab. 46. fig. 4. Ficus furinamenfis. *Pluk.* Alm. 146. Tab. 243. fig. 5.

In den Wäldern auf St. Christoph, wo er mit seinen großen und schönen Blättern prangt, welche rund, auf der obern Seite dunkelgrün, auf der untern silberfarbig sind und oft 2 Fuß im Durchmesser haben. Die Engländer nennen diesen Baum Trumpet Tree.

Der ästblühende Caturus. *Caturus ramiflorus* floribus lateralibus feffilibus.

Linn. p. 882. Mant. p. 127. *Houtt.* II. VI. p. 324. Boehmeria ramiflora. *Jacq.* Stirp. p. 246. Tab. 157. *Swartz.* p. 34.

In den Wäldern auf St. Christoph; wächst 10 oder 12 Fuß hoch und blüht im April.

Die amaranthartige Straußfeder. *Irefine Celofioides.*

Linn. p. 885. Sp. pl. p. 1456. *Houtt.* II. XI. p. 342.

Auf den Hügeln um Gustavia.

Die schmalblättrigte Straußfeder. *Iresine angustifolia* foliis angustis sublinearibus.

Findet sich überall zwischen der vorigen, von welcher sie durch ihre schmalen und glatten Blätter unterschieden ist. Die Blumen sind etwas größer, aber weniger rauh.

Der gemeine Papayabaum. *Carica Papaya* foliorum lobis sinuatis.

Linn. p. 891. Sp. pl. p. 1466. *Houtt.* II. III. p. 525. *Aubl.* p. 909. *Bryant.* p. 186. Abhandl. der Königl. Schwed. Akad. für 1786.

Findet sich allgemein auf trocknen Stellen an den Seiten der Berge; wächst 12 oder mehrere Fuß hoch, ehe der Baum Frucht trägt. Diese reift im Junius und Julius, wird gegessen und ist wohlschmeckend. S. 52.

Der Adamsfeigenbaum, oder die Paradiesmuse. *Musa paradisiaca* spadice nutante, floribus masculis persistentibus.

Linn. p. 902. *Houtt.* II. VI. p. 405. *Aubl.* p. 930.

Findet sich an mehrern Stellen im Lande; seine Früchte werden gegessen und heißen Bananen. S. 53.

Das ſparrichte Spießgras. *Spinifex squarrosus.*

> *Linn.* p. 902. Suppl. p. 432. Mant. p. 300. *Houtt.* II. XIII. Tab. 92. fig. 2. Ilu-Mullu. *Rheed.* Mal. XII. p. 143. Tab. 75.

Findet ſich an den Punſchboulenberge auf St. Euſtache.

Das bärtige Cameelheu oder Cameelſtroh, Bartgras. *Andropogon barbatum* ſpicis digitatis, calycibus perſiſtentibus, corollis ciliatis.

> *Linn.* p. 904. Mant. p. 302. *Houtt.* II. XIII. p. 577.

Findet ſich am Wege zwiſchen der Stadt und dem Caſtell; es blüht im Junius.

Das hohe indianiſche Honiggras. *Holcus Sorghum* glumis villoſis, ſeminibus compreſſis Ariſtatis.

> *Linn.* p. 905. Sp. pl. p. 1484. Mant. p. 500. *Houtt.* II. XIII. p. 586. *Aubl.* p. 932. *Bryant.* p. 335. Abhandl. der Königl. Schwed. Akad. für 1786.

Dieſes

Dieses findet sich wie anderes Getreide angebauet. Es wächst sehr freudig, oft 5 oder 6 Fuß hoch mit großen und saamenreichen Aehren. Es ist auf diesen allem Ansehen nach trocknen und unfruchtbaren Hügeln ein einträgliches Getreide. Die Einwohner nennen es Guinea-Korn oder Petit Myl, und gebrauchen sein Stroh zum Dachdecken, die Blätter zum Viehfutter, die Körner zum Futter für Hühner und anderes zahmes Geflügel, welches sie begierig frißt und sich wohl dabey befindet. Sie können auch zu Mehl und Grütze gemahlen und so zur Nahrung für die Menschen angewandt werden *).

Die weiße Clusie. *Clusia alba* foliis avenis, corollis pentapetalis.

Linn. p. 910. Sp. pl. 1495. *Houtt.* II. III. p. 579. *Aubl.* p. 933. *Jacq.* Stirp. p. 271. Tab. 166. Clusia flore albo, fructu coccineo. *Plum.* Gen. p. 21. Tab. 10. Plant. Am. p. 75. Tab. 87. fig. 1.

---

*) Man bauet diese Getreideart besonders in Italien und der Schweiz sehr häufig. In Deutschland hat ihre Kultur bisher nicht glücken wollen. Blumhof.

In den Wäldern auf St. Christoph; wächst 30 bis 40 Fuß hoch. Der Stamm hat oft an der Wurzel 2 bis 3 Fuß im Durchmesser. Der Baum ist sehr ästig, gleicht einer Eiche und ist einer der größten, welche die beträchtlichen Waldungen auf den höchsten Bergen ausmachen. Er blüht im März.

Die buchenblättrigte Sinnpflanze. *Mimosa fagifolia* inermis, foliis pinnatis bijugis: petioli marginato.

Linn. p. 913. Sp. pl. p. 1498. *Houtt.* II. III. p. 606. *Aubl.* p. 943. *Jacq.* Stirp. p. 264. Tab. 164. Arbor siliquosa faginis foliis, Americana floribus comosis. *Pluk.* Alm. p. 44. Tab. 141. fig. 2.

In den Wäldern auf St. Christoph; wächst 6 oder 8 Fuß hoch und blüht im März und April.

Die Katzenpfote. *Mimosa unguis Cati* spinosa, foliis bigeminis obtusis.

Linn. p. 914. Sp. pl. p. 1499. Hort. Cliff. p. 207. *Houtt.* II. VI. p. 432. *Aubl.* p. 944. *Pluk.* Alm. p. 95. Tab. 1. fig. 6. Tab. 82. fig. 4. Mimosa spinis in caule geminis, foliis bigeminis, obverse

verse ovatis, siliquis contortis. *Plum.*
Pl. Am. p. 2. Tab. 4.

In den Wäldern an den Seiten der Berge; wächst 10 oder 12 Fuß hoch. Das Holz ist hart und zähe, und wird von Tischlern und Drechslern gebraucht. Die Einwohner machen Stiele zu Hacken, Aexten und Messern daraus und nennen es Bois des hau.

Die pernambukische Sinnpflanze. *Mimosa pernambucana* inermis, foliis bipinnatis; spicis cernuis pentandris: inferioribus castratis, caule decumbente.

Linn. p. 915. Sp. pl. p. 1502. Hort. Cliff. p. 209. *Houtt.* II. VI. p. 449. *Aubl.* p. 945. *Pluk.* Alm. p. 252. Tab. 307. fig. 3.

Findet sich um Gustavia; wächst 1 oder 2 Fuß hoch, und blüht im April und Mai.

Die gedrehete Sinnpflanze. *Mimosa tortuosa* spinis stipularibus, foliis bipinnatis quadrijugis: glandula inter infima, pinnis 16 jugis, spicis globosis.

Linn.

Linn. p. 916. Sp. pl. p. 1505. *Houtt.*II. VI. p. 455. *Mimosa farnesiana.* Abh. der Königl. Schwed. Akad. für 1786.

Findet sich um Gustavia und dem Castelle.

Die Intsia. *Mimosa Intsia* aculeata, foliis bipinnatis: pinnis incurvis, caule angulato, stipulis aculeo longioribus.

Linn. p. 917. Sp. pl. p. 1508. *Houtt.*II. VI. p. 460. *Rheed.* Mal. VI. p. 7. Tab. 4.

Um Gustavia, beym Castell und an mehrern Orten.

Die beynahe herzförmige Pisonie. *Pisonia subcordata* inermis, foliis cordato subrotundis, fructibus siccis subclavatis quinquegonis, angulis apice muricatis.

Swartz. Prodr. p. 60.

Findet sich allgemein auf trocknen Stellen an den Bergseiten und auf den Straßen in Gustavia; wächst oft bis 20 Fuß hoch, ist ästig und gleicht dem Ansehen nach dem Apfelselbaumholze. Man nennt den Baum Lappdadle oder Lapp-lalle. Er hat loseres Holz, welches zu nichts anderm als Brennholz brauchbar ist. Der Baum blüht im Mai und Junius.

Die

Die Kraftwurz. *Panax Rheediana* foliis 5 natis, foliolis petiolatis ovatis acuminatis, integerrimis glabris, caule arboreo. Unjala.

Rheed. Hort. Mal. VII. p. 53. Tab. 28.

In den Wäldern auf St. Christoph; wächst 8 oder 10 Fuß hoch, und blüht im April. Hr. D. Swartz hat in seinem Prodr. p. 54. *Panax attenuata* foliis attenuatis crenatis, caudice arborescente. In wie fern diese mit dem, welchen ich auf St. Christoph fand, übereinstimmen kann, wird man mit der Zeit vergleichen können. Der meinige hatte alle Blätter aus fünf kleinern, welche eyförmig waren und sich in der Spitze mit einer abnehmenden und lanzetförmigen Kante schlossen, bestehend. Die Kanten der Blätter waren vollständig. Rheedes Abbildung ist mit meiner Pflanze völlig übereinstimmend.

Der amerikanische Feigenbaum. *Ficus americana* foliis oblongis ovatis venosis integerrimis, baccis axillaribus pedunculatis confertis.

Swartz.

Swartz. Prodr. p.127. Ficus alia foliis Lauri; fructu minore. *Plum.* Sp. pl. p.124. Tab.132. fig. 2.

Auf St. Christoph an den Bergen.

Der schmalblättrigte Traubenfarrn. *Osmunda cervina* scapo radicata, fronte pinnata: pinnis integerrimis.

Linn. p.927. Sp. pl. p.1521.

Auf St. Christoph.

Der geränderte vollblühende Farrn. *Acrostichum marginatum* frondibus pinnatis: pinnis oblongis integerrimis.

Linn. p.929. Sp. pl. p.1526. *Aubl.* p.961.

Auf St. Christoph und St. Eustache.

Der mausohrartige Saumfarrn. *Pteris Pilosellioides* frondibus sterilibus obovatis; fertilibus lanceolatis longioribus, surculis repentibus.

Linn. p.930. Sp. pl. p.1530.

Auf St. Christoph; er befestigt sich oft mit seinen Wurzeln an den Stämmen der größern Bäume.

Der geschnürte Saumfarrn. *Pteris vittata* frondibus pinnata: pinnis linearibus rectis basi rotundatis.

Linn. p. 931. Sp. pl. p. 1532.

Auf St. Christoph.

Der westindische Ribbenfarrn. *Blechnum occidentale* frondibus pinnatis; pinnis lanceolatis oppositis basi emarginatis.

Linn. p. 931. Sp. pl. p. 1534. *Plum.* Fil. Tab. 62. fig. B.

Auf St. Christoph.

Der gestreifte Streifenfarrn. *Asplenium striatum* frondibus pinnatis; pinnis pinnatifidis obtusis crenatis; terminali acuminata.

Linn. p. 934. Sp. pl. p. 1539.

Auf St. Christoph.

Der kriechende Tüpfelfarrn. *Polypodium repens.*

Swartz. Prodr. p. 130. *Aubl.* p. 962. *Plum.* Fil. p. 117. Tab. 134.

Am Punschboulenberge auf St. Eustache.

Der hängende Tüpfelfarrn. *Polypodium suspensum* frondibus pinnatifidis glabris, lobis femiovatis acutis.

Linn. p. 935. Sp. pl. p. 1544.
Auf St. Christoph.

Der straußfiederige Tüpfelfarrn. *Polypodium Struthionis* frondibus pinnatis: lobis approximatis ensiformibus repandis horizontalibus.

Linn. p. 935. Sp. pl. p. 1545.
Auf St. Christoph.

Der dreyblättrigte Tüpfelfarrn. *Polypodium trifoliatum* frondibus ternatis sinuatolobatis: intermedio majore.

Linn. p. 936 Sp. pl. p. 1547. *Aubl.* p. 962. b. Hemeonitis altera pentaphylla elegantior. *Plum.* Fil. p. 126. Tab. 147.

Auf St. Christoph. Die Variation *a* wuchs auch auf St. Eustache auf den Punschbeulenberge. An den Seiten der großen Höhle auf St. Christoph, wuchs sowohl die Variation *b* als die vorige, zugleich mit einer andern, welche man beym *Plum.* Fil. p. 124. Tab. 145.

findet,

findet, und Hemeonitis maxima, linguae cervinae affinis genannt wird.

Der hochstieligte Tüpfelfarrn. *Polypodium exaltatum* frondibus pinnatis; pinnis ensiformibus integris: basi inferiore introrsum, superiore sursum gibbis.

    Linn. p. 936. Sp. pl. p. 1548. *Aubl.* p. 962. Lonchitis glabra minor. *Plum.* Fil. p. 48. Tab. 63.

Auf St. Christoph.

Der Schmarotz-Tüpfelfarrn. *Polypodium parasiticum* frondibus semibipinnatis lanceolatis: lobulis rotundatis integerrimis striatis.

    Linn. p. 937. Sp. pl. p. 1551.

Auf St. Christoph, wo sie auf den Stämmen und Aesten größerer Bäume wächst.

Der zweyzeilige Tüpfelfarrn. *Polypodium dichotomum* frondibus dichotomis bipinnatis; pinnulis linearibus integris parallelis.

    Linn. p. 938. *Thunb.* Flor. Jap. 338. Tab. 37. *Swartz.* p. 133. Acrosticum furcatum. *Linn.* Sp. pl. p. 1529.

Auf St. Christoph, sowohl auf dem Boden der großen Höhle, als auch bey unterirrdischen Feuern.

Der baumartige Tüpfelfarrn. *Polypodium arboreum.*

Linn. p. 938. Sp. pl. p. 1554. *Plum.* Fil. Tab. 1. 2.

In den Wäldern auf St. Christoph.

Der zottigte Tüpfelfarrn. *Polypodium villosum* frondibus bipinnatis hirsutis; pinnis oblongis obtusis: terminalibus acuminatis.

Linn. p. 938. Sp. pl. p. 1555.

Auf St. Christoph.

Der gepuderte Krullfarrn. *Adiantum pulverulentum* frondibus bipinnatis: pinnis ovalibus antice truncatis unifloris, stipite hirto.

Linn. p. 940. Sp. pl. p. 1559.

Auf St. Christoph.

Der chinesische Knöpfchenfarrn. *Trichomanes Chinense* fronte supra decomposita - foliolis pinnisque alternis lanceolatis: pinnis laciniis cuneiformibus.

Linn. p. 941. Sp. pl. p. 1562. *Thunb.* p. 340.

Auf St. Christoph.

Das

Das ungebogene Kolbenmoos. *Lycopodium cernuum.*

 Linn. p. 943. Sp. pl. p. 1566. *Plum. Fil.* p. 144. Tab. 165. fig. A.

Auf St. Christoph, am Boden der großen Höhle, in der Gegend wo sich das unterirdische Feuer zeigt *).

Das wedelförmige Kolbenmoos. *Lycopodium flabellatum.*

 Linn. p. 943. Sp. pl. p. 1568. *Dill. Musc.* p. 468. Tab. 65. fig. 5. *Plum. Fil.* Tab. 43.

Auf St. Christoph.

Der schwimmende Tang. *Fucus natans.*

 Linn. p. 965. Sp. pl. p. 1628. *Plum. Fil.* Tab. 170. fig. C.

Findet sich sowohl an den westindischen Inseln als überall im großen Weltmeere. In der spanischen See und in der Gegend der Passatwinde ist er allgemein, und wenn man mehr nach Westen zu den westindischen Inseln

---

*) Von dieser merkwürdigen Höhle wird im Folgenden genauere Nachricht gegeben.
       Blumhof.

seln oder Amerika kommt, nimmt die Menge desselben zu. Er heißt Sargazo oder fließendes Gras.

Der kreuselförmige Tang. *Fucus turbinatus.*
    Linn. p. 966. Sp. pl. p. 1629.
Auf Steinen und Bergen am Seestrande.

Der auseinandergesperrte Tang. *Fucus divaricatus.*
    Linn. p. 966. Sp. pl. p. 1627. *Lightfoots* Flor. Scotica p. 909.
Findet sich im Kanal zwischen England und Frankreich.

Der riemenförmige Tang. *Fucus loreus.*
    Linn. p. 968. *Lightfoot* p. 920. *Oed.* Fl. Dan. Tab. 710.
Im Meere um England, und im Kanal.

Der eyförmige Tang. *Fucus ovalis.*
Findet sich auf Steinen und Klippen überall.

Die Schirmpalme. *Corypha umbraculifera.*
    Linn. p. 984. Sp. pl. p. 1657. *Houtt.* II. I. p. 275. *Bryant.* p. 247. *Rumph.* Amb. 1. p. 42. Tab. 8.

An verschiedenen Stellen. Die größten Bäume davon, welche ich sahe, waren zwischen 30 und 40 Fuß hoch, und die kleinsten, welche Blüthen oder Früchte hatten, waren 12 oder 13 Fuß hoch. Die Einwohner geben ihr verschiedene Namen, als Solfjäders-Palm (Sonnenfächerpalme), Palmier evantail oder Umbrella-Palm. Der Baum und seine Blätter werden zu mehrern Sachen gebraucht, als zum Dachdecken, zu Fischreusen, Säcken ꝛc. welche letztern sowohl gut als stark von den Blättern verfertigt werden.

Aus diesem Verzeichniß kann man abnehmen, daß dieses kleine Land nicht so arm an Gewächsen sey, wie man gemeiniglich glaubt. Auch ist es begreiflich, daß alle Gewächse sich nicht während der kurzen Zeit meines hiesigen Aufenthalts zeigten, sondern in mehrern und ungleichen Jahrszeiten hervorkamen. Ich habe auch mit Fleiß diejenigen Pflanzen hier aufgeführt, welche ich auf St. Eustache und St. Christoph fand, weil diese beiden Inseln mit St. Barthelemi so nahe zusammen

sammen liegen, und weil sich auch ein Theil dieser Pflanzen auf St. Barthelemi finden dürfte, ohnerachtet ich nicht Gelegenheit hatte, sie zu sehen. Von Farrnkräutern (Filices) und Doldengewächsen waren hier keine auf dem Lande sichtbar, ohnerachtet die erstern sich auf St. Christoph und mehrern westindischen Inseln finden.

Kurze Nachricht
von
der Reise nach St. Eustache und St. Christoph.

Den 16. April reißte ich in Gesellschaft des Hrn. D. Christoph Carlanders und Hrn. Samuel Fahlbergs von St. Barthelemi nach St. Eustache. Durch Veranstaltung des Hrn. Gouverneur Rosensteins begaben wir uns am Boord der Kronschaluppe Gäpa, welche wichtiger Geschäfte halber nach diesen Inseln gehen sollte. Es war sehr schönes Wetter. Wir segelten von Gustavia um 10 Uhr des Vormittags, und Nachmittags um 2 Uhr ankerten wir bereits auf der Rheede von St. Eustache nach einer Seereise von etwas über 6 schwedischen Meilen. Auf der Reise sahen wir

wir einige Fregattvögel (Pelicanus Aquilus), welche zugleich mit den Tropikvögeln (Phaëton aethereus) sich so hoch in die Luft schwangen, daß sie nicht viel größer als Küchenschwalben aussahen.

St. Eustache ist eine der kleinsten karaibischen Inseln; sie hat einen Gouverneur, ist befestiget und treibt starken Handel. Sie liegt unterm 17° 29′ N. Br. und 63° 15′ westlicher Länge von London, enthält in der Länge etwa 1, und in der Breite eine halbe schwedische Meile. Der nördliche Theil des Landes ist sehr bergig und uneben, woselbst besonders Baumwolle, Yams und Bataten angebauet werden. Auf einer Höhe schien ein Castell oder eine Festung angelegt zu seyn, von welcher man eine Flaggenstange und einige Wälle in einer weiten Entfernung unterscheiden konnte. Der südliche Theil der Insel ist hingegen schön und eben. Man findet hier blos einen einzigen Berg, welcher wegen seiner Gestalt die Punschboule genannt wird. Der Berg ist über zwey mal höher als die übrigen im Lande und ist ehedem ein Vulkan gewesen. Man sagte mir, daß sein letzter
Aus=

Ausbruch sich ungefähr um die Mitte des 16 Jahrhunderts zugetragen haben soll. Er ist aber nachdem erloschen, so daß sich in vielen Jahren weder Rauch noch Spuren von Feuer haben sehen lassen. Auf dem Gipfel des Berges ist eine große und tiefe Höhle, welche eine Punschboule vorstellt, die ungefähr ¼ schwedische Meile im Umkreise hat, und über 1000 Fuß tief ist. Die Seiten der Höhle sind mit mehrern Arten Laubhölzern und Farrnkräutern, so wie der Boden mit Heliconia Bihay bewachsen. Unter diesen Gewächsen ist es immer thauig, naß und feucht, welches die Wolken so an sich zieht, daß sich oft, wenn es übrigens das klarste Wetter ist, die Wolken über dem Berge sammeln, und Regen fällt. Die Seiten des Berges sind östlich, westlich und nördlich gleichförmig geneigt, und haben fast gar keinen Absatz; gegen den Gipfel werden sie mehr steil und steinig, woselbst Yams, Bataten, Cassava und etwas Baumwolle gebaut werden. Weiter vom Berge werden die Seiten weniger steil und stellen eine gerade geneigte Ebene vor, auf welcher Zuckerplantagen und mehrere Gärten angelegt waren.

waren. Die Zuckerplantagen nehmen das meiste Land ein, die Gärten prangen mit ihren schönen Apfelsinen-, Citronen-, Pomeranzen- und Cocosbäumen, außer vielen andern Früchten und indianischen Produkten außerordentlich. Die südliche Seite, welche gegen das Meer zu liegt, ist steiler mit großen Absätzen. Der Berg besteht aus Lava, und man kann deutlich sehen, daß sie flüssig gewesen und sich endlich in Schichten über einander gesetzt hat. Von der Spitze des Berges läuft westlich durch das unten liegende Land ein Thal herunter, welches sich nach der Stadt hinzieht, worin sich eine Menge Regenwasser sammelt, und wie ein Bach fließt. Bey der Stadt ist eine große Cisterne angelegt, worin sich das Wasser sammelt und von den Einwohnern der Stadt zum Gebrauch abgeholt wird; auch können die meisten Schiffe und Fahrzeuge, welche auf der Rheede liegen, damit versehen werden. Eine Quelle, welche beständig frisches Wasser hat, findet sich auf der Insel nicht, sondern die hiesigen Einwohner sind eben so wie die von St. Barthelemi genöthigt, diesen so höchst nothwendigen Artikel in Cister-

nen

nen und andern künstlichen Vorrichtungen zu sammeln.

Die Stadt liegt auf der Westseite der Insel, und heißt wie die Insel selbst, St. Eustache. Sie ist volkreich und treibt starken Handel. Sie hat mehrere große und wohlgebauete Häuser, aber die Straßen sind enge und unregelmäßig. Man kann die Stadt bequem in zwey Theile, in den untern und obern Theil, eintheilen. Die untere Stadt liegt auf dem Strande selbst, ist etwa ¼ schwedische Meile lang und 250 bis 300 Fuß breit, zwischen den brausenden Wellen Neptuns und den Ueberbleibseln aus den Schmieden des Vulkans, welche täglich der Stadt den Untergang drohen; erstere bey Orkanen durch die schnaubenden und brausenden Meereswellen; die andern bey Erdbeben oder andern Gelegenheiten durch den Fall und das Einstürzen des überliegenden Walles, welches um so eher geschehen kann, weil der Wall sich so dicht um die Stadt herum zieht, daß man zwischen ihm und den Häusern nicht durchkommen kann. Der Wall besteht aus einem 3 bis 400 Fuß hohen senkrechten Absatze, und ist
auf

auf mehrern Stellen so untergraben, daß er über die Häuser herüberhängt und gleichsam auf den Fall wartet. An einigen Stellen ist er mit steilen und schlangenförmigen Wegen, zwischen der untern und obern Stadt, durch=schnitten. Die obere Stadt liegt oben auf dem Walle und ist sehr artig; die Häuser nehmen sich zwar in Ansehung der Zierde nicht sehr aus, aber die mit schönen Gärten und Hecken angelegten Plantagen ersetzen das übrige. Bey den meisten Häusern war Hura Crepitans, Cocos nucifera, Parkinsonia aculeata und Poinciana pulcherrima etc. gepflanzt, und von den beiden letztern waren auch an den Wegen Hecken angelegt. Die Häuser lagen in minder regelmäßiger Ordnung, und die meisten wur=den von der Straße oder dem Wege durch ein kleines Staket getrennt, an welches man Passiflora maliformis, die mit ihren schmalen langen Stengeln das Staket wie Weinreben bekleidete, gepflanzt hatte.

Die oberhalb der Stadt liegende Ebene nehmen Höfe, Gärten und Zuckerplantagen ein. Die Gärten prangten besonders mit Cocus=
bäumen,

bäumen, welche mit ihren hohen Stämmen und Kronen sich über alle andere Bäume erhoben.

Der Hof und die Plantagen des Hrn. Dounckers lagen in dieser Ebene, nahe bey der Stadt. Hr. Fahlberg, welcher schon im Hause bekannt war, ging dahin, um seinen Gruß abzustatten, und Hr. D. Carlander und ich machten Gesellschaft. Wir wurden wohl aufgenommen und mit Thee und andern Getränken bewirthet, welche uns in dem warmen Klima und nach unserm Spazziergange von der Stadt, wohl zu statten kamen. Doch vermehrte sich unser Vergnügen noch mehr, als wir in einen prächtigen Garten eintraten, wo Apfelsinen und mehrere kühlende und angenehme Früchte im Ueberfluß vorhanden waren. Hier hatte ich das Vergnügen Gewächse zu sehen, welche ich vorher niemals wachsend gesehen hatte, als den arabischen Kaffeebaum (Coffea arabica), die Senne (Cassia Senna), die traubenförmige Ananas (Bromelia pinguin), und die Cacaopflaume (Chrysobalanus Icaco); außer diesen waren gepflanzt: das indianische Blumenrohr (Canna indica), die äpfelartige Passionsblume (Passiflora maliformis), die

Strauß=

Straußanas (Bromelia Ananas), mehrere Variationen von Apfelsinen, Pomeranzen und Citronen. Nachdem wir von allen diesen sowohl unsere Augen als unsern Magen befriedigt hatten, kehrten wir zur Stadt zurück, um uns auf die bevorstehende Nacht ein Quartier zu verschaffen.

Ein Hafen findet sich hier bey St. Eustache nicht, sondern die Schiffe und Fahrzeuge ankern auf der offenen Rheede mitten vor der Stadt. Der Ankergrund ist gut, aber während der Orkanszeit kann kein Fahrzeug hier liegen.

Die Festungswerke bestanden, außer einer Festung auf dem hohen Walle in der obern Stadt, welche die Rheede beschießen und vertheidigen konnte, aus mehrern kleinern längs der Seeküste angelegten Batterien, nebst einem Castell oder Festung auf einem Berge nordwärts.

Im letzten Kriege, 1781. kam der englische Admiral Rodney mit einer Flotte hierher, ehe noch die Einwohner etwas vom Kriege gehört und gesehen hatten, legte sich auf die Rheede mitten vor die Stadt, und schickte
einen

einen Abgeordneten an den holländischen Gouverneur, mit der Frage: ob er die Insel und Stadt mit Güte und ohne Schuß übergeben wolle? Im andern Falle wollte er sie mit Gewalt einnehmen, welche Frage innerhalb 24 Stunden prompt beantwortet werden sollte. Man kann leicht denken, in welcher unglücklichen Lage sich die Einwohner damals befanden. Hätten sie Widerstand leisten wollen, so hätte leicht die Stadt können niedergeschossen, verbrannt und ihr Eigenthum zerstört werden, welches um so eher hätte geschehen können, da die Einwohner, vom Kriege unwissend, ihre Sachen nicht in der Ordnung hatten, daß sie dem Feinde einen wirksamen Widerstand leisten konnten. Solchergestalt war der Gouverneur genöthigt, St. Eustache dem englischen Admiral mit Güte zu übergeben, wodurch die Einwohner doch so viel gewannen, daß ein Jeder sein Haus und sein festes Eigenthum unzerstört behielt, obgleich Geld und vieles andere bewegliche Eigenthum, ein Raub und eine Beute der Feinde wurde. Beym Schlusse des Krieges 1783. kam die Insel wieder in die Hände der Holländer.

S

Die

Die Gewächse und Kräuter, welche ich hier sammelte, sind unter den barthelemischen aufgeführt.

Den 17. April gingen wir am Boord und segelten nach St. Christoph, und ankerten auf der Rheede bey Sand Point, wo schon einige englische Fregatten lagen, welche Mannschaft zur Verstärkung der Festung hinübergeführt hatten. Außer mehrern kleinern Fahrzeugen, lag auch ein großes Schiff, der Pilgrim von Bristol, hier, welches vom Kapitain Backstarr geführt wurde. Wir gingen am Boord desselben und nachdem ins Land mit der Schaluppe. Dieses Schiff war das prächtigste, welches ich je gesehen habe oder sehen werde. Die Kajüte war doppelt so groß, als wie sie auf gewöhnlichen Schiffen zu seyn pflegt, mit Spiegeln, Fenstergardinen und mehrern Verzierungen; alle hölzernen Meublen, als Tische, Stühle, Sofas und Leisten waren von Mahagonyholz sehr wohl gearbeitet. Auf eben die Weise waren mehrere Kajüten (hyttor) eingerichtet und mit guten Bettstellen von eben dem Holze versehen, worin Madratzen, feine Laken und gestickte seidne
Decken

Decken gebraucht wurden. Um die Betten waren feine Gardinen, welche auf Ringen und Stangen von Messing hingen. Die Seitenlehnen oder Stangen an den Treppen, in den Kajüten und an mehrern Orten, waren ebenfalls von Messing. Das Sunddeck war groß und glatt, auf welchem einige Heckebauer für Hüner und anderes Federvieh standen, welches auf der Reise gebraucht werden konnte. Die Besatzung nebst den Steuer= und Boots=männern, hatte ihren Aufenthalt in dem vordern Theile. Das Schiff war dazu eingerichtet Reisende von England nach Westindien und Amerika und von diesen Plätzen zurückzuführen, und in dieser Absicht war es jetzt hierhergekommen.

Sand Point. Die Stadt hat eine ziemliche Anzahl Häuser, ist aber unregelmäßig und liegt in keiner gewissen Ordnung, welches großentheils daher kommt, daß sie während des letzten Krieges sehr zerstört wurde. Man sah noch mit Leidwesen mehrere ledige Plätze, welche noch Ueberbleibsel von verbrannten, eingestürzten und zerstörten Häusern mit mehrern Ruinen zeigten. Die Einwohner treiben Handel,

Zuckerplantagen und mehrere Gewerbe; und sind größtentheils reich und wohlhabend.

Wir logirten bey Hrn. Beest, einem reichen und wohlhabenden Kaufmann, mit welchem Hr. Fahlberg bekannt war, und der uns sehr wohl aufnahm. Nachdem wir hier ein Stündchen verweilt hatten, gingen wir aufs Land, um die Zuckerplantagen, Zuckermühlen und Rumbrennereyen zu besehen, welche auf der Ebene gleich bey der Stadt angelegt und sowohl groß als einträglich waren.

Das Zuckerrohr wird durch Ableger oder abgehauenes Rohr verpflanzt, welche, nachdem die Plantage umgegraben ist, in die Erde gesetzt werden. Die Plantage wird in kleinen viereckigten Rauten umgegraben, und das Rohr auf jede Ecke dieser Rauten gepflanzt, wo es in so gerade Reihen zu stehen kommt, daß man durch die Pflanzung auf eine weite Distanz zwischen dem Rohr hin sehen kann. Diese Reihen sind 1 Elle oder 5 Quartier von einander, und das Rohr wächst 8 oder 10 Fuß hoch. Die Dicke ist beynahe der des spanischen Rohrs gleich, nimmt aber gegen die Spitze zu ab. So wie das Rohr
aus=

ausgewachsen und reif ist, werden die Blätter unten an der Wurzel gelb und fallen nach und nach ab. Ungeachtet das Rohr freudig wuchs, so fand ich doch kein einziges, welches Zeichen von Blüthe zeigte, welches davon herrühren dürfte, daß sie zu jung waren, und zum Blühen längere Zeit brauchen, als sie gewöhnlich auf der Plantage stehen. Nachdem das Rohr ausgewachsen und Reife erlangt hat, welche der Plantageeigenthümer oder Vorsteher für die beste, um den meisten Zucker zu geben, erachtet, so wird es an der Wurzel abgeschnitten, von Blättern gereinigt und so bald die Spitze so dünn wie ein Finger geworden ist, wird sie abgehauen. Die untern groben oder bereits gelben Blätter bleiben auf dem Lande liegen, die obern jüngern und frischen sammelt man zum Futter für Pferde, Maulesel, Ochsen und Kühe. Die Spitzen werden zu Ablegern und der Rest zum Dachdecken gebraucht. Das Rohr wird von Sklaven zur Zuckermühle gefahren oder getragen, woselbst es zermalmt und der Saft davon abgesondert wird.

Die Zuckermühle ist so eingerichtet, daß sie entweder vom Winde wie eine Windmühle getrieben, oder auch von Pferden oder Maulefeln gezogen wird; erstere waren hier am meisten im Gebrauch. Der obere Theil der Mühle gleicht einer Windmühle und wird auf eben die Art nach dem Winde gestellt. Der untere Theil ist hingegen sehr ungleich. Unter der Mühle liegt ein grober und starker Balken, auf welchem drey eiserne Walzen stehen. An den Enden dieses Balkens steht auf jeder Seite ein Balken senkrecht, auf deren Enden ein anderer Balken gerade wie der untere liegt, nur nicht so stark, welcher die Walzen oberhalb regiert. Die Walzen sind von gegossenem Eisen, etwa $3\frac{1}{2}$ Fuß oder etwas darüber hoch. Die, welche in der Mitte steht, ist immer die größte und hat etwas über $1\frac{1}{2}$ Fuß im Durchmesser; die beiden andern an den Seiten sind etwas kleiner, in Ansehung des Durchmessers, die Höhe aber ist dieselbe. Durch diese Walzen sitzt eine Axe oder Eisenstange, auf welcher sie stehen, und umlaufen, wie das Wasserrad an kleinen Mahlmühlen (Squaltquarn). Die Axe steht mit dem untern dicken

dicken Balken in einem metallenen Schuh und das andere Ende steht in einem ähnlichen Schuh in den obenliegenden Balken. Die Axe der größten oder zwischenstehenden Walze reicht hinauf bis zum Kammrade, durch dessen Umlauf die Walzen umgetrieben werden; die Walzen sind perpendiculair gestellt, und so dicht zusammengepaßt, daß wenn die Walze, welche in der Mitte steht und vom Windrade umgetrieben wird, wie ein Mühlstein herumläuft, sie die beiden andern mit sich herumtreibt. Wenn die Walzen so in Gang gekommen sind, so stehen auf jeder Seite der Walzen zwey Neger gegen einander, welche mit der rechten Hand das Rohr zwischen die Walzen stecken, und mit der andern das zermalmte und bereits ausgepreßte, welches von der andern Seite kommt, wegnehmen. Der auf diese Weise ausgepreßte Saft, rinnt durch den obern Boden auf den andern, welcher so dicht ist, daß kein Saft verloren geht, und zugleich concav, damit derselbe sich sammeln soll. Von hieraus gehen nachdem Rinnen, welche den Saft zur Zuckersiederey leiten, welche nicht weit davon liegt. Die Neger, welche bey den Walzen stehen und dazwischen das Rohr einstecken, müssen an die Arbeit gewöhnt und sehr vorsichtig seyn, damit nicht die Finger mit unter die Walzen kommen. Man hat Beyspiele, daß unvorsichtigen Sklaven, welchen dieses begegnete, indem sie das Rohr zu lange hielten, nicht nur die Hand und der Arm zerquetscht, sondern auch der letztere vom Leibe weggenommen wurde, wodurch diese unglücklichen Menschen ihr Leben einbüßten. Nachdem der Saft auf die obenbemerkte Weise ausgepreßt worden, so stapelt man das zermalmte Rohr in große Haufen zusammen, damit es trocken werde, worauf es zu Brennholz beym Zuckerkochen gebraucht wird. Ein Plantageeigenthümer wendet vom Zuckerrohr alles zum Nutzen an. Die gröbern, untern und gelben Blätter, welche auf der Plantage liegen geblieben, werden daselbst getrocknet und aufgebrannt, und die Asche düngt den Boden zu einer neuen Pflanzung.

Die Zuckersiederey ist nach der Größe der Plantage mit mehrern oder wenigern Kesseln eingerichtet. Diese letztern sind wie Thrankessel eingemauert, und der eingegossene Saft

des

des Zuckerrohrs wird so lange darin gekocht, bis er körnig wird, und in kleine Krystallen anschießt, wo man ihn verschlagen läßt. Während des Kochens wird etwas ungelöschter Kalk zugesetzt. Wenn der Saft gekocht ist, so wird er in Kühlfässer gefüllt, wo er sich körnt und zu Puderzucker krystallisirt, welcher, so bald er trocken ist, aufs Zuckerfaß gefüllt wird.

Die Kühlkästen sind von Brettern so dicht gemacht, daß der gekochte Zucker, welcher warm hineingegossen wird, nicht durchrinnen kann. Sie sind weit und flach, vierkantig, jede Seite etwa 8 Fuß lang und 1 Fuß hoch. Der Boden ist mit vielen Löchern durchbohrt, in welche Zuckerrohr gesteckt wird, damit der warme Zucker nicht fortrinne, und nachher der Syrup durch diese Löcher sich vom Zucker absondere, welcher sich in einem Keller oder auf einem ausgehöhlten Boden sammelt, von wo er durch Rinnen zur Rumbrennerey geleitet wird. So bald aller Syrup abgelaufen und der Zucker getrocknet ist, wird er auf die Zuckerfässer gefüllt.

Das Zimmer worin die Zuckerfässer stehen, hat keinen Boden, sondern blos Balken, welche 3 Quartier oder 1 Elle von einander liegen. Unten ist ein concaver Boden, auf welchem sich der Sirup sammelt, welcher von den Zuckerfässern abläuft, wenn sie mit frischem Zucker gefüllt werden. Wenn der Zucker auf das Faß gebracht wird, so stellt man das eine Ende auf die Balken; durch den Boden sind 3 bis 4 Löcher gebohrt, worin Zuckerrohr gesteckt wird. Der Zucker wird durch das obere Ende, dessen Boden herausgenommen worden, eingefüllt. Wenn das Faß gefüllt wird, und der noch im Zucker übrige Sirup durch die Löcher im Boden fortrinnt, so werden die Röhren nach der Hand hinaufgezogen; wenn hingegen das Faß gefüllt und der Sirup abgelaufen ist, so nimmt man die Röhren weg. Nachdem steht das Faß einige Zeit, damit der Zucker zusammensinken möge, wo noch Füllzucker aufgelegt wird, ehe man es durchschlägt.

Die Rumbrennerey besteht aus 2, 3 oder mehrern eingemauerten Pfannen, welche sowohl als die ganze übrige Vorrichtung andern Brennereygeräthschaften gleicht. Aller Sirup, welcher vom Zucker abfällt, wird hierher gesammelt und zu Rum gebrannt. —

Gegen

Gegen Abend gingen wir auf einem andern Wege zur Stadt zurück, welcher ein schmaler Fahrweg war, weiter nach Westen und dem Seestrande näher lag, als der den wir voraus gekommen waren. Der Weg ging durch ein Thal, und hatte auf beiden Seiten hohe Abhänge, welche aus Sand bestanden. In diesen hohen und steilen Abhängen lagen mehrere Schichten von Ruß, welcher sich so mit dem Sande vermischt hatte, daß der Weg ganz schwarz war. In den Kanten sah man die Schichten deutlich, wenn man aber darin rührte, so bröckelte sich der Ruß an den meisten Stellen aus; doch konnte man hin und wieder Krusten sehen, die zusammenhingen, welche aber auch so zerbrechlich waren, daß sie beym geringsten Brechen oder Schütteln zerfielen. Sowohl nach den Berichten, als dem Ansehen war dieses Ruß ein Ueberbleibsel vom Ausbruch eines feuerspeyenden Berges, welches um so wahrscheinlicher ist, weil er noch brennt.

Musik hörte man immer des Abends, sowohl von den Zuckerplantagen, als aus den Büschen und dem kleinen Gesträuch, welches sich

sich rings an den Wegen fand. Man hatte hier Gelegenheit, sich an die Berichte der Alten von dem lieblichen und angenehmen Gesange der Sirenen zu erinnern; der, den wir hier hörten, dürfte wohl an Lieblichkeit ganz dem der Sirenen entsprechen, ungeachtet es keine andere Sänger waren, als Eidechsen. — Wir näherten uns der Stadt und unserer Herberge. Hr. Beest hatte rund um seinen Hof mehrere Bäume gepflanzt, und besonders Hura Crepitans. Im Garten standen, außer mehrern Arten indianischer Fruchtbäume, eine große Anzahl Kaffeebäume, welche jetzt theils blüheten, theils vollgewachsene Früchte hatten. Wir blieben hier die Nacht bis zum folgenden Morgen.

Den 28. April, nachdem uns unser Wirth, Hr. Beest, Pferde verschafft hatte, ritten wir zu Hrn. Browns Plantage, wohin uns Hr. Beest begleitete, um uns dort einzuführen. Hr. Brown hatte ein Haus auf dem Berge, etwa 1 schwedische Meile von der Stadt. Weil wir uns vorgenommen hatten diesen Berg und die Wälder, wo wir weder Herberge noch Quartier bekommen konnten, zu besuchen, so bekamen wir Quartier in dem Hause des Hrn.

Hrn. Browns; auch überließ er uns einen Sklaven, welcher uns den Weg zeigen und aufwarten sollte. Hr. Beest ließ uns täglich, so lange wir hier zubrachten, durch zwey Sklaven Essen und Trinken zutragen, welches bis den 20. des Abends dauerte, wo wir wieder zur Stadt zurückkamen.

Nachdem unser Anführer Hr. Fahlberg mit den Hrn. Beest und Brown in Ansehung unserer Reise auf den Berg, übereingekommen war, und wir ein gutes Frühstück eingenommen hatten, so wurde die Reise bergan und in die Wälder fortgesetzt. Wir ritten zuerst etwa $\frac{1}{2}$ schwedische Meile zwischen Zuckerplantagen auf einem ebenen den Berg hinaufsteigenden Lande, wo wir nachdem die Seite des Berges antrafen. Hier übergaben wir unsere Pferde einigen Sklaven, welche solche zurückführten, und gingen auf einem engen, krummen und steilen Wege den Berg hinauf. Nach einer halben schwedischen Meile kamen wir an ein Haus, welches Hrn. Brown gehörte, woselbst wir logiren sollten. Das Haus bestand aus drey Zimmern und war das einzige, was sich auf dem Berge fand. Wir

ließen

hier einige kleine Sachen, die wir mitgenommen hatten, zurück, und gingen nachdem aus um Pflanzen zu suchen, deren wir auch recht viele fanden. Die Gewächse, welche ich hier in so wenigen Tagen sammelte, sind bereits unter den barthelemischen aufgeführt. Ich hätte weit mehrere sammlen können, aber die Zeit, und die Gelegenheit sie zu trocknen und aufzubewahren, vereitelten meinen Vorsatz. Wir hielten uns hier wie schon gesagt, bis den 20. auf, in welcher Zeit wir dieses mit größern und kleinern Laubhölzern bewachsene Gebürge durchstreiften. Der Wald war an den meisten Stellen so dicht, daß man kaum vorwärts kommen konnte; die Hügel waren mit Farrnkräutern bedeckt, und die größern Bäume prangten mit mehrern Arten von Epidendra und andern parasitischen Gewächsen; schmale und enge Fußpfade fand man hier und da durch den Wald, denen wir folgten, und ohne welche wir durch das dichte Gehölz unmöglich hätten fortkommen können, worin es beständig naß und feucht war. Den 20. wollten wir den höchsten Berg auf der Insel besteigen, welcher Mons misere genannt wird.

wird. Der Berg ist sehr hoch mit so steilen
Seiten, daß man ihn nur an einer einzigen
Stelle mit der größten Schwierigkeit besteigen
kann. Man sagte uns, daß bey Menschen=
gedenken, oder so weit es bekannt ist, nur
drey Menschen auf den höchsten Gipfel dieses
Berges gewesen seyn sollen. Wir gingen vor
Sonnenaufgang vom Hause weg, mit den
nöthigen Eß= und Trinkwaaren versehen. Zwey
Sklaven, mit ihren großen Haumessern waren
unsere Wegweiser, welche uns zugleich einen
Weg durch das Holz bahnen sollten. Unser
Weg ging längs der höchsten Gebirge, von
deren Höhen wir an mehrern Stellen auf
die schönen unten am Fuße gegen das Meer
hinabstreichenden und mit Zuckerplantagen be=
deckten Ebenen herabsahen. Nach einem Wege
von $\frac{3}{4}$ schwedischen Meilen kamen wir so weit,
daß wir diesen hohen Berg über einem Thale,
etwa $\frac{1}{4}$ schwedische Meile von uns, zu sehen
bekamen. Aber weil wir aus dem Ansehen
schlossen, daß die Seite des Berges so steil
und hoch war, daß wir nicht hinaufkommen
konnten, und der Berg übrigens ganz kahl,
ohne bedeutende Gewächse oder Hölzer zu seyn
schien,

schien, so änderten wir diesen Vorsatz, und nahmen einen andern Weg, welcher weniger beschwerlich wurde, indem wir uns vorsetzten, die Stelle zu besuchen, woselbst sich der Vulkan zeigte, welcher auf der westlichen Seite dieses Berges war. Wir beugten links zur Seite ab, und kamen zu einer sehr großen Höhle, welche auf allen Seiten mit hohen Bergen und steilen Kanten, die mit größerm und kleinerm Laubholz bewachsen waren, umgeben war. Auf dem Boden dieser Höhle mußten wir den Rauch aufsuchen, welcher von dem unterirrdischen Feuer herkam; aber die Schwierigkeit des Hinabsteigens war größer, als ich hier beschreiben kann. Wir kletterten diese steilen Hügel herunter, welche an mehrern Stellen senkrechte Absätze hatten, und wenn uns nicht die Natur hier und da mit Sturmleitern, Steigbügeln und Fallleitern von den vielen Wurzeln der größern Laubholzarten, die zugleich mit andern kleinern Gewächsen, welche herabhingen und diese hohen Absätze bekleideten, versehen hätte, so hätten wir weder hinunter noch hinauf zurückkommen können. Nach einem, theils auf 2, theils auf 4 Füßen

zurück=

zurückgelegten Wege von ⅞ Meilen erreichten wir endlich auf dem Boden der Höhle einen kleinen See oder Morast, welcher ein gutes etwas schwefelhaltiges Wasser hatte. Wir setzten uns auf einen grünen Platz an der Seite des Sumpfs nieder, um zu frühstücken, und uns an der Sonne zu trocknen, welche bereits so hoch stand, daß sie ihre Strahlen in die Höhle über die höchste Spitze des Mons miseræ, herunterwarf. Während wir hier frühstückten und uns ausruheten, vergnügten wir uns damit, daß wir in dieser einsamen Gegend (welche selten von Menschen und noch seltner von drey Schweden auf einmal, besucht wird) auf die Gesundheit des Königs Gustafs III. und der übrigen Königl. Familie tranken. Wir setzten hierauf unsern Weg auf der westlichen Seite des Sumpfes über ein Moor und durch ein kleines Gehölz fort. So bald wir aus dem Holze herauskamen, empfanden wir einen starken Schwefelgeruch, und sahen zugleich den aufsteigenden Rauch nordwärts vor uns. Wir folgten einem kleinen Bach, welcher von dem Ort kam, wo der Rauch aufzusteigen schien, und hinunter in den vorbemeldeten Sumpf

T floß.

floß. Je näher wir dem Rauche kamen, desto mehr schmeckte das Wasser nach Schwefel, wurde wärmer und endlich so heiß, daß man nicht die Hand darin halten konnte. Als wir auf der Stelle angelangt waren, hörten wir unter der Erde einen starken Donner und ein Gepraffel von dem unterirrdischen Feuer. Die Erde war an vielen Stellen so heiß, daß man nicht stillstehen konnte, ohne daß einem die Füße durch die Schuhsohlen brannten. Oft verbrannte man sich an den Steinen und Schwefelkrystallen, die wir aufnehmen mußten. Das in den Löchern stehende Wasser kochte wie in einem Kessel über Feuer. Wir versuchten, die Frucht des Gujavaapfelbaums (Psidium pomiferum L.) darin zu kochen, welches aber nicht gelang. Nachdem die Frucht über eine halbe Stunde darin gelegen und gekocht war, nahmen wir sie heraus und fanden, daß sie mit einer Kalkkruste überzogen und noch härter als vorher war. Der Platz war sehr uneben. Die Erde war gleichsam in lange Höhen, welche sich von dem Fuße des Berges herunter zur Höhle erstreckten, und das Ansehen von kleinen Bergrücken hatten, aufgeschwollen.

geschwollen. Von diesen Höhen kam der Rauch von allen Seiten durch kleine Löcher hervor. Bey den Oefnungen der Löcher hatten sich Röhren von Schwefel formirt, in welchen man die allerschönsten Schwefelkrystalle sehen konnte. Diese Röhren waren aber so mürbe, daß sie bey der geringsten Berührung zu Pulver und in kleine Stücken zerfielen, wobey die Krystalle aus ihrer Ordnung kamen und ihre Schönheit verloren. Die Gewächse, welche sich auf und um diesen Platz fanden, waren dunkel oder schwarz, besonders an dem Stengel, welches der Schwefeldunst und der Rauch verursachen dürfte. Nachdem wir hier einige Stunden zugebracht, und uns mit einigen Naturalien versehen hatten, so begaben wir uns auf den Rückweg über den Boden der Höhle, welchen wir gekommen waren, und arbeiteten uns bald kletternd, bald kriechend an der steilen Bergseite hinauf, so daß wir ungefähr um 2 Uhr des Nachmittags oben auf dem Berge und an eben der Stelle waren, wo wir hinuntergingen. Hierauf setzten wir unsern Weg nach Hause fort, und zwar auf dem vorigen Wege. So bald wir hier waren, hielten wir

Mittag.

Mittag, und packten nachher unsere Sachen und Sammlungen von Kräutern ꝛc. welche wir gemacht hatten, zusammen und begaben uns auf die Rückreise nach der Stadt. In Ermangelung des Papiers zum Einlegen der Pflanzen, bedienten wir uns der frischen Blätter von Heliconia Bihay, zwischen welchen die Pflanzen auch bey meiner Rückkunft auf St. Barthelemi frisch und unbeschädigt waren. Die Luft war hier auf den Bergen weit kälter als auf dem unten umliegenden Lande. Wir hatten während unsers Aufenthalts mehr von der Kälte als von der Hitze auszustehen; zugleich hatten wir oben oft Regen, wenn es auf dem übrigen Lande klares und schönes Wetter war, und wir waren gleichsam wie in einem andern Klima. Die Pferde begegneten uns wieder an der Stelle wo wir sie zurückgeschickt hatten, und wir ritten nun den übrigen Weg. Auf Hrn. Browns Hofe und Plantage ruheten wir uns eine kleine Stunde aus, unterdessen Hr. Sahlberg, welcher bekannt und der Sprache kundig war, sich bey der Herrschaft für die uns erwiesene Güte und Freundschaft bedankte. Von hier gings weiter
zur

zur Stadt, und unserm ersten Wirth, Hrn. Beest, bey dem wir übernachteten und uns auf die Reise nach Barrstarr anschickten, welche auch den folgenden Tag vor sich ging.

Der Weg nach Barrstarr war eben, gerade und so breit wie unsere gewöhnliche Heerstraßen in Schweden; er führte zwischen Zuckerplantagen südwestlich und an mehrern Stellen nahe am Strande hin. Er war sehr angenehm zu reisen; an den Seiten fanden sich allerhand Blumen und Gesträuche, unter denen Melia Azedarach in ihrer vollen Pracht stand, und mit ihren vielen schönen und weißen Blumen prangte. Ungefähr $\frac{1}{4}$ schwedische Meile von der Stadt kamen wir vor der Festung Brimston-Hill vorbey, welche wir zur linken Hand hatten. Rechts paßirten wir auch noch einige kleine Verschanzungen und Vertheidigungswerke, welche im letztern Kriege angelegt, aber jetzt demolirt waren.

Aldra eine kleine Stadt, liegt auf der Südwestseite der Insel und etwa $1\frac{1}{2}$ schwedische Meilen von Sand Point; sie hat guten Vorrath von frischem Wasser von einem Strom oder Fluß, welcher vom Berge herabkommt

kommt und sich hier ins Meer ergießt. Hier wird von den Einwohnern in St. Barthelemi, wenn langwierige Dürre einfällt, Wasser geholt. Die Stadt hat keinen Hafen, sondern eine offene Rheede, wo die Schiffe ankern und liegen können; es können daher wegen der Orkanszeit sich keine Schiffe hier aufhalten. Eben so wenig darf hier ein starker Handel getrieben werden, welches man an der geringen Anzahl Fahrzeuge die auf der Rheede lagen, bemerken könnte. Doch dürften die umliegenden Zuckerplantagen den übrigen Mangel ersetzen. Die meisten Häuser waren klein und unbedeutend, und man konnte sie eher für ein Dorf, als für eine Stadt ansehen.

Wir reißten durch diese kleine Stadt, und setzten unsern Weg ungefähr 2½ schwedische Meilen fort, wo wir in Barrstarr ankamen. Unterwegens reißten wir über mehrere größere und kleinere Bäche, welche vom Lande und von den hohen Bergen kamen, die wir immer zur rechten Hand im Gesicht hatten. Zur Linken hatten wir eine große Ebene mit Zuckerplantagen, und oberhalb diesen waren hohe und mit Holz bewachsene Berge. Kurz vor der

Stadt

Stadt hörten die Berge auf, und das Land wurde eben mit einiger Erhöhung bis zur andern Seite der See.

Barrstarr ist eine große und bedeutende Stadt, hat aber keinen Hafen, sondern eine offene Rheede, wo eine große Menge von Schiffen und kleinern Fahrzeugen lag. Sie treibt starken Handel, hat eine Apotheke und Buchdruckerey, mehrere größere und kleinere Werkstätte, einen großen und ebenen Markt, und gerade und breite Straßen, an deren Seiten mehrere Arten von schönen Bäumen gepflanzt waren.

Die Inseln Newis, Redonda und Montferrat lagen von dieser Stadt südlich, welche nach dem Ansehen in einer Entfernung sehr klein und bergig zu seyn schienen. —

Gegen Abend begaben wir uns auf die Rückreise nach Sand Point, wo wir ziemlich spät ankamen.

Die Ausdauer der Sklaven oder Neger im Laufen ist sehr groß, welches ich an zweyen Knaben bemerkte, die heute unsere Begleiter waren, um auf unsere Pferde zu achten. Diese liefen so stark als wir im vollen Trabe

Trabe ritten, und waren immer neben uns, und ungeachtet der eine, wie wir schon ⅓ schwedische Meile von Sand Point entfernt waren, in einem angelegentlichen Geschäfte für den D. Carlander wieder zurück nach unserm Quartier laufen mußte, so kam er doch eben so bald wie wir nach Barrstarr.

Die Garnison war jetzt hier weit stärker als gewöhnlich, welches theils von der Vermehrung, welche die Besatzung der Festung Brimston-Hill machte, theils auch von der Mannschaft der auf der Rheede liegenden Fregatten herrührte.

Die englische Sprache wurde überall geredet; französisch hörte man blos in den vornehmern Häusern und von Franzosen.

Bey allen Gütern befanden sich Fruchtgärten, und um alle Häuser waren, außer vor den Thüren, Bäume gepflanzt, welche mit ihren laubigten Kronen die starke Sonnenhitze verminderten, so daß man darunter recht bequem sitzen und gehen konnte.

Küchengewächse zum Hausbedarf wurden von den meisten gebauet, und man konnte
solche

solche auch wie andere Früchte, zum Proviant und Gebrauche auf Schiffen einkaufen. —

Die Insel St. Christoph, oder wie sie von den Engländern genannt wird: St. Kitts, liegt unterm 10° 15′ N. Br. und 62° 5′ W. L. von London. Sie ist etwa 9 oder 10 Meilen lang und zwey und etwas darüber breit; ist eine von den schönsten westindischen Inseln; hat in der Mitte hohe mit Wald bewachsene Berge, welche auf allen Seiten bis ans Meer mit sanft abhangenden Ebenen, welche größtentheils mit Zuckerplantagen bebaut sind, umgeben, und zwischen diesen mit Thälern durchschnitten sind, in welchen Bäche und Ströme laufen, die das Wasser von den Bergen herunter und ins Meer führen. Die Ausdehnung des Landes ist von N. W. nach S. O. Der südöstliche Theil ist eben und flach, und hat einige kleine runde Berge, welche weiter von der See wie verschiedene Inseln aussehen, aber durch das flache und unebene Land zusammenhängen.

Brimston-Hill, eine starke Festung liegt ¼ schwedische Meile süd̈östlich von Sand Point und ⅛ Dito vom Strande. Sie ist auf einem hohen Berge angelegt, welcher auf allen Seiten steile Höhen und Absätze hat; oben auf ist sie ebenfalls mit Mauern und Wällen umgeben, von welchen man eine Menge Kanonen auf allen Seiten bemerken konnte. Die Magazine und das Hospital waren innerhalb der Festung. In Friedenszeiten sind gewöhnlich 200 Mann Besatzung hier, welche Anzahl aber jetzt wie man sagte, auf 500 vermehrt seyn soll. Diese Festung, welche von der See und dem unten liegenden Lande weder gesprengt, beschossen und erstiegen werden kann, wurde im letzten Kriege, nach einem siebenwöchentlichen starken Widerstande, mehrern ernsthaften Scharmützeln und beständigem Beschießen von dem französischen Admiral Bouye am 12. Febr. 1782. eingenommen. Weil nämlich alle Munition verschossen war, der Mangel an Proviant zunahm und von der Englischen Flotte kein Entsatz zu erwarten war, so sahe sich der englische Kommendant genöthigt, die Festung und die Insel den Franzosen zu übergeben; durch den Frieden von 1783. aber kam sie wieder an die englische Krone.

Den

Den 22. April gingen wir am Boord der Schaluppe Capà und segelten bey einem sehr schönen und angenehmen Wetter wieder zurück nach St. Barthelemi. Wir kamen um 8 Uhr Abends nach einer Reise von 9 oder 10 schwedischen Meilen im Hafen Carenage bey Gustavia vor Anker.

Schaluppen sind in Westindien viel gebräuchlich, theils um damit zwischen den Inseln und theils nach dem festen Lande zu segeln. Sie sind meistens zwischen 25 und 50 Lasten groß. Man bediente sich sowohl auf ihnen als auf andern Fahrzeugen, zu Kochgefäßen meistens eingemauerter stählerner Grapen, worin das Essen für die Besatzung gekocht wurde. Dieses war sowohl für die Eigenthümer der Fahrzeuge als für die Besatzung eine sehr schöne Einrichtung. Erstere gewannen dadurch so viel, daß sie diese Gefäße nicht brauchten verzinnen zu lassen, welches bey den kupfernen nothwendig ist, die nicht nur ihre Verzinnung bald verlieren, sondern oft bey dem Schwanken des Schiffes beschädigt und zerschlagen werden.

Die

Die Besatzung hingegen braucht nicht solche Speisen zu essen, welche in rostigen und weniger gut verzinnten Kupferkesseln gekocht sind, wodurch sie sich oft langwierige Krankheiten und den Tod zuzieht. Es wäre zu wünschen, daß eben dieser Gebrauch mit Kochtöpfen von Stahl auch bey uns eingeführt werden könnte, so dürfte dieses eben so nützlich wie viele andere neue Moden werden.

Das Ungeziefer in den Häusern war: Scorpionen, Spinnen, Kakerlaken und Ameisen; letztere hatten mir die kleine Sammlung von Insekten, welche ich gemacht hatte, ganz aufgefressen und verdorben. Die Zahl der Insekten war geringe, welches von dem beständigen Winde herkommen dürfte.

Den 19. Junius waren wir segelfertig, und nachdem wir von unsern Freunden und Landsleuten Abschied genommen hatten, gingen wir am Boord der Brigge Antoretta, woselbst uns der Gouverneur Rosenstein, Kapitain Bagge, nebst mehrern Landsleuten am Abend besuchten, und uns eine glückliche Reise

Reise wünschten. Wir lagen die Nacht über auf der Rheede.

Den 20. Junius vor Aufgang der Sonne lichteten wir die Anker und segelten durch den Sund zwischen St. Martin und St. Barthelemi. Der Königl. Lootse Hr. Ritström begleitete uns durch den Sund bis wir in die reine und offne See kamen. Wir richteten unsern Cours nordwärts, so daß uns St. Barthelemi im Gesicht blieb; St. Martin und Anguilla erschienen in Westen, welche nach der Hand hinterwärts blieben und unsichtbar wurden.

Den 23. Junius kam ein Haufen von Fischen, welcher sich am Ruder und im Kielwasser hinter der Brigge aufhielt, und uns bis den 4. Julius Vormittags begleitete, wo sie sich alle auf einmal von uns trennten und unsichtbar wurden, so daß sie sich auf der ganzen Reise nicht weiter sehen ließen. Wir fingen einige von diesen Fischen, welche ich als eine neue Species, die zum Makreelengeschlecht gehört, untersuchte und zu beschreiben Gelegenheit hatte. Ich nannte sie,
weil

weil sie uns mehrere Meilen und so lange folgten.

Die gesellschaftliche oder begleitende Makrele. *Scomber Comes* corpore ovato-lanceolato compresso fusco, fascia utrinque per oculos ad basin pinnae 1 mae dorsali nigra.

Corpus ovato-lanceolatum compressum fuscum, squamis minimis tectum, utrinque ad basin pinnae 2 dae dorsalis linea longitudinali excavata, postice versus basin pinnae caudae foveola transversa notatum, Magnitudine semipedali.

Caput squamosum, fascia nigra per oculos versus dorsum extensa.

Os mediocre respectu capitis, dentibus maxillarum polatique minimis confertissimis.

Lingua spatacea, supra scabra.

Oculi magnitudine mediocres subrotundi, iride argentea, pupilla nigra.

Membr. Branch. albida, 7 radiata.

Anum

Anum in medio inter caput caudamque.

Linea lateralis in anteriore parte corporis fecundum dorfum curva.

Spina recumbente ante pinnam 1 mam dorfalem.

Pinna dorfalis anterior minima, fufca 6 radiata, radiis acutis.

Pinna dorfalis pofterior a medio parte corporis, verfus pinnam caudalem extenfa, radiis 31 inermibus, in medio fafcia longitudinali fufca.

Pinna pectorales ovatae pallidae, 23 radiatae.

Pinnae ventrales 5 radiatae.

Pinna ani verfus pinnam caudalem extenfa $\frac{2}{23}$ radiata, ad bafin albida.

Pinna caudalis bifida.

Diefer Fifch findet fich zwifchen dem 20. und 36 Grade Norderbreite und dem 58 Gr. weftlicher Länge von London im großen Weltmeere.

Den

Den 2. Jul. um 2 Uhr wurden wir etwas Ungewöhnliches auf dem Wasser gewahr, etwa ½ Meile von uns, welches wie eine Klippe oder ein Wrak von einem verunglückten Schiffe aussah. Um davon Gewißheit zu erhalten, wurde die Jolle in See gelassen, worin ich mit dem Steuermann Alexander Ekebom und 4 Mann, welche ruderten, darauf zu ging. Unterweges sahen wir außer vielen fliegenden Fischen und Seglern einen großen Hay, welcher über 20 Fuß lang und einer der größten war, welchen ich jemals gesehen habe. Er kam ins Kielwasser hinter die Jolle, so nahe, daß er kaum 3 Fuß vom Ruder entfernt war. Ich glaube gewiß, daß er näher gekommen wäre, wenn ich ihm nicht mit dem Bootshaken einen starken Stoß in den Kopf versetzt hätte, worauf er sich in größerer Entfernung hielt, und endlich seines Weges ging. Wir näherten uns endlich dem zu untersuchenden Objekt, und fanden, daß es das Aas eines todten Wallfisches war, welches die See dergestalt zertheilt hatte, daß der vordere Theil dem Ansehen nach 30 Fuß, und der andere 14 oder 15 Fuß lang war; seine Höhe

über

über dem Wasser war 6 oder 7 Fuß. Wir empfanden einen fürchterlichen Gestank, so daß wir recht froh waren, uns auf einige Weite davon zurückziehen zu können. Hier zeigten sich viele Hayfische, welche sich beym Aase aufhielten, sich 2 oder 3 Fuß über das Wasser erhoben und das Aas verzehrten. Auf dem Wasser lag eine Decke von Fett, wobey sich mehrere 1000 Sturmvögel versammelt hatten, welche auch die kleinen Brocken, die sich dazwischen finden konnten, verzehrten. Wir kehrten nun zu unserer Brigge, die uns schon suchte und die wir $\frac{1}{4}$ Meile davon antrafen, zurück. Unterweges hatten wir nur einen Besuch von einem einzigen Tropikvogel (Phaëton aethereus), welcher einigemale dicht über uns wegflog.

Den 30. Julius um 9 Uhr Vormittags sprachen wir mit einer englischen Brigge, welche von London kam und nach Terreneuve oder Newfoundland bestimmt war, wo wir die erste Nachricht von dem Kriege zwischen Schweden und Rußland erhielten.

Den 2. August begegneten wir einer dänischen Brigge, welche nach Westindien gehen sollte, von der wir die Bestätigung der obigen Nachricht erhielten.

Während wir vom 1sten bis den 12ten gegen den Ost= und Nordwind kreuzen mußten, versammelten sich so viele Schiffe, welche größtentheils den Kanal suchten, daß wir zuweilen deren 30 oder 40 um uns her zählen konnten, unter denen einige Holländische Fregatten waren, welche uns in Furcht setzten, daß sie Russische wären; wir wurden aber nachher unterrichtet, daß es Holländische waren, und uns nichts wollten.

Den 14. August passirten wir durch die Meerenge zwischen Calais und Dover, und kamen in die Nordsee; auch passirten wir glücklich die bekannten Sandbänke Falls und Gallop.

Den 18. August passirten wir Skager und durch das Kattegat; ungefähr mitten zwischen Skagers Leuchtthurm und der Festung Marstrand sahen wir einige große Ankerboyen in der See

See liegen, welche ruſſiſche Schiffe den Tag vorher zurückgelaſſen hatten. Des Abends kurz nach Untergang der Sonne ankerten wir innerhalb der Feſtung Elfsborg.

Es war ein Glück für uns, daß der Oſtwind unſere Reiſe im Anfang des Monats aufhielt, und daß wir nicht einen Tag früher ins Kattegat kamen, wo wir ſonſt unfehlbar von den Ruſſen genommen worden wären. Ich lernte alſo, daß Hinderniſſe und Aufenthalt oft beſſer als der größte Fortgang ſind.

Den 19. Auguſt legten wir im Hafen zu Gothenburg an, woſelbſt die Sachen ausgeladen und zum Packhauſe gebracht wurden. Nachdem ich 4 Rthlr. 6 Schill 8 Rundſt. an Zoll, und 18 Schill. 9 Rundſt. Spec. Zulage bezahlt hatte, war meine Reiſe beendigt. Es ſcheint auffallend, für einige geſammelte und aufbebewahrte Kräuter, Steine und Fiſche einen ſo hohen Zoll zu bezahlen. Die Pflanzen waren in Papier eingelegt, und kaum ſo viele, daß man einem Pferde davon ein Nachtfutter hätte geben

geben können; die Steine lagen in zwey kleinen Packkisten, und die Fische in einer Kruke. Ich hatte vorher immer geglaubt, daß man mehrere Miethen Heu, mehrere Fuder Steine und mehrere Tonnen Fische auf einmal einführen könnte, ehe die Rechnung so groß wurde. Aber was kosten nicht Sachen, die man für selten hält, ohne zu wissen daß sie es sind!

Register
über die systematischen Namen der Thiere und Pflanzen.

A.

Achatenblume S. 137.
Achrasbaum 51.
Achtfuß 125.
Adamsfeigenbaum 53. 249.
Adhatoda 148.
Aeskulapie 173.
Akajounüsse 51.
Aloë, amerikanische 73. 177.
— durchstochene 177.
Amaranth, stachlichter 239.
— vielehigter 238.
Anacardienbaum 51. 182.
Ananas 75.
— traubenförmige 175.
Annone, schuppigte 52. 206.
— stachlichte 52. 205.
Arche 131.

Argemone, merikanische S. 204.
Aron, fremder 234.
— geflügelter 235.
Avicennie, glatte 212.
Avogatobaum 182.
Azedarach 189.

B.

Bärenkrebs 124.
Balsamapfel, bedeckter 246.
Balsamapfel, gemeiner 246.
Balsamcroton 240.
Bananen 53.
Banisterie 191.
Barsch, gefleckter 114.
Bartgras 250.
Bastardarche 131.
Bastardmakrele 116.
Bastardvenus 130.
Bataten 49. 70.

Bataten=

Register.

Batatenwinde S. 70. 160.
Bauer, kleiner 134.
Baumwollenstaude, religiöse 216.
Begonie, purpurrothe 239.
Beißbeerenstrauch 166.
Besaanssegel 125.
Besenpflanze, dreyblättrigte 155.
Beslerie, gelbe 207.
— hahnenkammartige 208.
Bignonie, aufrechte 209.
— fünfblättrigte 208.
Bihai 169. 292.
Birne, getrocknete 136.
Bleywurz, ceylanische 159.
Blumenrohr, indianisches 147.
Bluthirse 152.
Blutkoralle 13.
Bocksgeile, wegbreitartige 230.
Boerhavie, weitschweifige 148.
Bohiblume, filzige 220.
Bonduccelle 187.
Botaten 70.
Brechnuß, baumwollenblättrigte 76. 240.
Brennkraut, corisches S. 239.
Breynie 204.
Bürzeldorn 189.

C.

Cacaopflaume 202.
Cactus, ausgeschweifter 196.
— curassavischer 199.
— geribbter 195.
— hochstämmiger 198.
Calebassenbaum 209.
Calmar 125.
Cameelheu, bärtiges 250.
Cameelstroh 250.
Camerarie 172.
Capperstaude, buschigte 203.
— langschotigte 203.
— schotigte 204.
Cassavawurzel 71. 241.
Cassavische Brechnuß 46.
Cassie, geschlossene 186.
— westindische 185.
— zweyfächerigte 185.
Cassythe 184.
Caturus, ästblühender 248.
Celaster 186.
Cicca, zweyzeilige 236.
Citronenbaum, gemeiner 223.

Cleome,

Register.

Cleome, fünfblät-
 trigte S. 212.
Clusie, weiße 251.
Cochenille 68.
Corallenpflanze, ge-
 meine 218.
Croton, buntes 240.
Cujavaapfelbaum 200.
 290.

D.
Diogenes 123.
Dornkoralle 144.
Dünnschaale 129.
Dürrkraut, baumar-
 tiges 226.

E.
Ehretie 167.
Eibisch, stachlichter 216.
Eidechsfisch 117.
Eisenkraut 149.
Elephantennase 117.
Ente, gemeine wilde 97.
— türkische 97.
Enzian 173.
Erbsenbaum, fran-
 zösischer 72.
Erdeichel, unterir-
 dische 218.
Erdnuß, amerika-
 nische 53.
Euphorbie, glatte 195.
— johanniskrautar-
 tige 195.

Euphorbie, myrten-
 blättrige S. 194.
Eyerbaum 164.

F.
Falke, lachender 95.
Farrn, geränderter 256.
Fasel, ägyptische 220.
— säbelförmige 219.
Feigendistel, gemeine 55.
 74.
Feigendistel, india-
 nische 55.
Feigenmoos 147.
Fenchgras, blutiges
 fingerartiges 152.
— italiänisches groß-
 ähriges 152.
Fieberrindenbaum, ca-
 ribischer 161.
Filtrirsteine 62.
Fischfänger 218.
Fischmeve 101.
Fistelcassie 186.
Fleckblume, Bastard- 224.
— wahre 224.
Fledermäuse 92.
Flöhkraut, philadel-
 phisches 226.
Flügel-Fagara 156.
Franzosenholz 188.
Fregatte 99.
Fußhorn 136.

Register.

G.
Gänse S. 97.
Gardenie 171.
Gehirnkoralle 141.
Geisfuß, südlicher 229.
Geisklee, indianischer 49. 72. 221.
Geisraute, caraibische 222.
Gekko 104.
Gesnerie, raube 207.
Gichtrübe, ceylanische raube 247.
Gilgen, caraibische 176.
Gittervenus 130.
Glycine 220.
— harzige 221.
Goldhähnchen 96.
Goldrute, höchste 227.
— steife 227.
Granadill 55.
Grensel 201.
Guara 109.
Gummibaum, amerikanischer 178.
Gurken, amerikanische 54. 247.

H.
Haarschuppe 112.
Hahnenkopf, graulichter 222.
Hammerstrauch 166.
Hasenkopf S. 108.
Haubenfink 103.
Hauben-Kolibri 96.
Henkelblume 161.
Hermannie, salveyblättrige 213.
Herzblume, zweyblümige 211.
Herzsaame 181.
Hillie, schmarotzende 180.
Hohlstern 143.
Honiggras, indianisches 71. 250.
Hornkoralle 146.
Hornvieh 94.
Hühner 97.
Hund 92.
— ägyptischer 92.
Hundswinde, afrikanische 172.

J.
Jacob Evertsens Fisch 114.
Jacquinie 167.
Jasminbaum, rother 171.
Icaco 202.
Indigo 69.
Intsia 254.
Irrgarten 142.
Judenkirschstaude 164.
Jungfernpflaume 151.
Jungie 148.

K.

Register.

K.

Kaffeebaum, abend-
  ländischer S. 162.
— arabischer 162.
Kalekuten 97.
Kammeidechse 104.
Kammgras, ägyp-
  tisches 153.
— indianisches 154.
— ruthenförmiges 154.
Kammmuscheln 13.
Karato 73.
Kartoffeln, indiani-
  sche 70.
Katzen 93.
Katzenklaue 208.
Katzenmünze, kamm-
  förmige 207.
Katzenpfote 252.
Kelchkoralle 143.
Kerbenmuschel 132.
Ketmie 75.
Kiebitzen 133.
Kinkhorn, dreyeckig-
  tes 136.
Klammerstrauch, etwas
  aufrechter 171.
— flachssträußiger 171.
Klapperschote, be-
  stäubte 218.
Klimmen, stichling-
  artige 156.
Klippfisch, bengal. 113.

Klippfisch, cura-
  caoischer S. 112.
— zweyfarbiger 112.
Knöpfchenfarrn, chy-
  nesischer 260.
Knopfbaum 163.
Knorpelblume 170.
Knotenpfefferstaude 149.
Knotensturmhaube 134.
Kofer, glatter 224.
— martiniqueischer 224.
Kokosnüsse 54.
Kokospalme 54.
Kolbenmoos, umge-
  bogenes 261.
— wedelförmiges 261.
Kraftwurz 255.
Krepfisch 108.
Krullfarrn, gepu-
  derter 260.
Kühlbeerstrauch, asia-
  tischer 161.
Kunigundkraut, aro-
  matisches 225.
— dünnblättriges 225.
— traubenförmiges 226.

L.

Landkrabbe 122.
Laus 132.
Lariercassie 186.
Lazarusklappe, ge-
  zackte 131.
Leguan

Register.

Leguan   S. 104.
— wegdorn   168.
Lobelie, dreyseitige   229.
Löchergras, Zwitter=   236.

M.

Mäuse   93.
Makrele, gesellschaft=
    liche   302.
Malve, ährenför=
    mige   216.
Manimaybaum   51. 205.
Manchinellbaum   243.
Maniok   46. 71.
Mannstreu   173.
Marcgravie   202.
Maulbeere, gezackte   137.
Maulwurf, grauer   132.
Mays   71. 235.
Meerbarbe   116.
Meergras   12.
Meerkrebs   121.
Meerschlange   110.
Meerschwalbe, gesell=
    schaftliche   101.
— kleine   100.
Meerstrauds = Su=
    riane   192.
Meertulpe   128.
Mehlstrauch, stach=
    lichter   211.
— wolligter   210.
Melastoma, borstige   190.

Melastoma, bunt=
    blättrige   S. 190.
— stachelbeerartige   190.
Melochie, pyramiden=
    förmige   213.
Melonenbaum   52.
Melonendistel, eckigte
                       195.
Mewe, lachende   100.
Mittelherz   129.
Moorhirse   71.
Morisonie, amerika=
    nische   217.
Muräne   110.
Muginde, breitblät=
    trige   157.
Myrte, brasilianische 201.
— nackte   201.
— wohlriechende   201.

N.

Nachtschatten, ge=
    meiner   166.
— ostindischer   165.
— traubentragender   164.
Napfschnecke   141.
Nerite von St. Bar=
    thelemi   140.
Nervengras, breit=
    blättriges   239.
Nessel, ausgebreitete 237.
— glaskrautartige   237.
— zarthärige   237.
                       Netzstern

Register.

Netzstern	S. 126.
Nierenbaum	51.
Noddy	100.

O.
Olivenkern	134.

P.
Papay	52.
Papaya	52. 249.
Paradiesfeigenbaum	53.
Paradiesmuse	249.
Parkinsonie, stachlichte	73. 184.
Parthenie, vielspaltige	238.
Passionsblume, apfelförmige	55. 233.
— korkartige	234.
— rothe	233.
— scharlachrothe	233.
— stinkende	234.
Patelle, griechische	141.
Paternoster-Abrus	217.
Paternosterbaum	189.
Perlhühner	102.
Persianer	111.
Petermännchen	107.
Pfauen	102.
Pfauenauge	113.
Pfauenschwanz, doppelstachlichter	73. 187.
Pfeffer, spanischer	54.
Pfefferstaude, doppeljährige	150.
Pfefferstaude, gefleckte	S. 150.
— große blättrigte	149.
— vierblättrigte	150.
Pfeilhecht	117.
Pferde	95.
Pferdebrachsen	116.
Pferdemakrele	116.
Pflockschwanz	108.
Physalus	125.
Phytolacca	193.
Pinsel	100.
Pisang	53.
Pisonie	254.
Plectronie	169.
Plumerie, rothe	171.
— weiße	172.
Portulak, dreyeckiger	194.
— haarigter	194.
Pomeranzenbaum	223.
Pothos, herzförm.	235.
Püppchen	139.
Punktirschild	127.
Punktkoralle, elendshornartige	145.

R.
Räucherholz	163.
Ratte	93.
Rauwolfie	170.
Reißbreymondschnecke	138.
Ribbenfarrn, westindischer	257.

Riesenohr

Register.

Riesenohr S. 138.
Riesenschildkröte 103.
Rindsauge, strauch-
 artiges 228.
Rispengras, haar-
 förmiges 153.
Rocken, brasiliani-
 scher 105.
Röhrfisch, chinesi-
 scher 117.
Rothbart 116.
Ruellie 211.

S.
Säbelschnäbler 102.
Sampoa 191.
Sandbüchsenbaum 76. 245.
Sauerklee 193.
Saumfarrn, geschnür-
 ter 257.
— mausohrartiger 256.
Sauvagesie 169.
Schaafe 94.
Schampflanze, baum-
 artige 72. 222.
Schirmpalme, ge-
 steinte 80. 262.
Schlangenschwanz 126.
Schlingen 172.
Schlutten 164.
Schrabelfische 12.
Schnepffisch 117.
Schuppenmuschel 127.

Schwarzflosser S. 112.
Schweine 94.
Schweinsrücken 114.
Schweitzerhose, ge-
 zackte 135.
Scorpion, amerika-
 nischer 119.
Scorpionkraut, curas-
 savisches 158.
— indianisches 157.
— kleinblümiges 158.
— ruhrpflanzenarti-
 ges 158.
Seeball 126.
Seeeichel 128.
Seefächer 146.
Seegraskriecher 125.
Seeheuschrecke 123.
Seekatze 125.
Seekröte 107.
Seelunge, verhaa-
 rende 124.
Seeschwalbe, europäi-
 sche 101.
Seestrandshundswür-
 ger 172.
Seeteufel 107.
Seetraube 181.
Senne 186.
Sida, brennende 215.
— hainbuchenblät-
 trige 214.
— knaulförmige 215.

Sida,

Register.

Sida, mit kleinen Saamen S. 215.
— rautenblättrige 214.
— schwirrende 215.
Simaruba 178.
Sinnpflanze, buchenblättrige 252.
— gedrehete 253.
— pernambukische 253.
Sogo 115.
Soldat 138.
Sonnenfächerpalme 263.
Sperling 102.
Spiegelente 97.
Spießgras, sparrichtes 250.
Stachelbauch 109.
Stachelfeigen 74.
Stachelfisch 109.
Stachelmohn 204.
Stahlbaum, stinkender 156.
Steinapfel 126.
Steinschwamm 142.
Sternkoralle, caribische 144.
Strahlkorb 129.
Straußananas 51. 174.
Straußfeder, amaranthartige 248.
— schmalblättrigte 249.
Streifenfarrn, gestreifter 257.

Sturmvogel S. 10. 98.
Süßer Bissen 52.
Susack 52.

T.

Täubchen, brütendes 133.
Tamarindenbaum 55.
Taag, auseinandergesperrter 262.
— eyförmiger 262.
— kräuselförmiger 262.
— riemenförmiger 262.
— schwimmender 261.
Taschenpfeffer 54.
Tauben 102.
Taubenerbsen 72.
Tellmuschel, strahligte 128.
Tillandsie 176.
Timoucou 117.
Tollapfel 164.
Traubenfarrn, schmalblättrigter 256.
Tritonschnecke 137.
Triumfetta 193.
Trompetenbaum, schildförmiger 248.
Trompetenfisch 117.
Tropikvogel 99. 305.
Tüpfelfarrn, dreyblättriger 258.
— hängender 258.
— hochstieliger 259.

Tüpfel=

Register.

Tüpfelfarrn, kriechender S. 257.
— Schmarotz- 259.
— straußfiederiger 258.
— zottigter 260.
— zweyzeiliger 259.
Tuna 197.
Turnera 174.

U.

Ufer-Ernodea 155.
Ungewittervogel 98.
Urene, amerikanische, 216.

V.

Vanille, ästige 230.
— gefranzte 231.
— mit kugelrunden Saamenkapseln 232.
— scharlachrothe 231.
— unregelmäßige 232.
— zweyschneidige 232.
Varronie 167.
Verbesine, staudige 227.
Viole, stoppelnartige 230.
Vogelgras 153.
Volkamerie, stachlichte 212.

W.

Waltherie, amerikanische S. 213.
Warzennerite 139.
Wegetritt, römischer 155.
Weib, altes 107. 130.
Weichling, wirtelförmiger 154.
Weinmannie, glatte 180.
Weinstock, ostindischer 169.
Weitmund 135.
Weitzen, türkischer 235.
Winde, doldentragende 160.
Wollsaamenstaude 214.
Wulst 133.
Wunderbaum 242.
Wurmkraut, brasilianisches 159.

X.

Yams 48. 70.

Z.

Ziegen 94.
Zuckerwurzeln, peruvianische 70. 160.
Zwerg-Cypergras 151.
Zwergnessel 236.
Zweyzahn, laubigter 224.

A.

Register.

A.
Abrus precatorius S. 217.
Acalypha corensis 239.
Achras Mammosa 51.
Acrosticum marginatum 256.
Adianthum pulverulentum 260.
Aeschynomene grandiflora 72. 222.
Agave Americana 73. 177.
Aloë perfoliata 177.
Amaranthus polygamus 238.
— spinosus 239.
Anas Boschas 97.
— Clangula 100.
— Moschata 97.
Andropogon barbatum 250.
Annona muricata 52. 205.
— squamosa 52. 206.
Arachis hypogaea 53. 218.
Arca Antiquata 131.
— Noae 131.
Argemone Mexicana 204.
Arum lingulatum 235.
— peregrinum 234.

Asclepias incarnata S. 173.
Asplenium striatum 257.
Asterias ophiura 126.
— reticulata 126.
Avicennia nitida 212.

B.
Balaena Boops 12.
Balistes Vetula 107.
Banisteria Bengalensis 191.
Begonia purpurea 239.
Besleria cristata 208.
— lutea 207.
Bidens frondosa 224.
Bignonia linguis 208.
— pentaphylla 208.
— stans 209.
Blechnum occidentale 257.
Boerhavia diffusa 148.
Bombax pentandrum 214.
Bromelia ananas 51. 75. 174.
— pinguin 175.
Bryonia laciniosa 247.
Buccinum Patulum 135.
— tuberosum 134.
Bulla ampulla 133.
— gibbosa 133.
Buphthal-

Register.

Buphthalmum frutescens S. 228.
Bursera gummifera 178.

C.
Cactus Coccinellifer 69.
— curassavicus 199.
— elatior 198.
— ficus indica 55. 74.
— melocactus 195.
— Opuntia 55. 74.
— repandus 196.
— Tuna 197.
Cameraria latifolia 172.
Camocladia Ilicifolia 151.
Cancer Arctus 124.
— diogenes 123.
— Grapsus 120.
— Homarus 123.
— Pelagicus 121.
— ruricola 122.
— Thunborgii 119.
Canis aegypticus 92.
— familiaris 92.
Canna indica 147.
Capparis Breynia 204.
— cynophalophora 203.
— frondosa 203.
— siliquosa 204.
Capraria biflora 211.

Capsicum Annuum S. 54.
— frutescens 166.
Cardiospermum Halicacabum 181.
Cardium medium 129.
Carica papaya 52. 249.
Cassia bicapsularis 185.
— fistula 186.
— nictitans 186.
— occidentalis 185.
— Senna 186.
Cassytha filiformis 184.
Caturus ramiflorus 248.
Cecropia peltata 248.
Celastrus lucidus 168.
Cestrum diurnum 166.
Chaetodon Bengalensis 113.
— Bicolor 112.
— ciliaris 112.
— Curacao 112.
— nigricans 111.
— Ocellatus 113.
— Teira 112.
Chiton punctatus 127.
— squamosus 127.
Chrysobalanus Icaco 202.
Cicca disticha 236.
Cinchona caribaea 161.

Cissus

Register.

Cissus Sicyoides S. 156.
Citrus aurantium 273.
— medica 223.
Cleome pentaphylla 212.
Clusia alba 251.
Coccoloba uvifera 181.
Cocos nucifera 54.
Coffea arabica 162.
— occidentalis 162.
Coluber 105.
— triscalis 105.
Conocarpus erecta 163.
Convolvulus Batatas 70. 160.
— umbellatus 160.
Conyza arborescens 226.
Corallina Opuntia 147.
Corypha umbraculifera 78. 80. 162.
Cos Filtrum 62.
Crescentia Cujete 209.
Crotolaria incana 218.
Croton balsamiferum 240.
— variegatum 240.
Cynosurus aegypticus 153.
— indicus 154.
Cynosurus virgatus S. 154.
Cyperus pumilus 151.
Cypraea pediculis 132.
— Zebra 132.
Cytisus Cajan 49. 72. 221.

D.

Dianthera Eustachiana 148.
Diodon Hystrix 109.
Dioscorea 70.
Dolichos ensiformis 219.
— Lablab 220.

E.

Echinus esculentus 126.
— saxatilis 126.
Echites corymbosa 171.
— suberecta 171.
Elops saurus 117.
Epidendrum anceps 232.
— ciliare 231.
— coccineum 231.
— difforme 232.
— globosum 232.
— ramosum 230.
Erethia tinifolia 167.
Erigeron philadelphicum 226.
Erithalis

Register.

Erithalis fruticosa S. 163.
ErnodeaLittoralis 155.
Eryngium pusillum 173.
Erythrina corallodendrum 218.
Esox Brasiliensis 117.
— Hepsetus 117.
— Sphyraena 117.
Eupatorium aromaticum 225.
— coelestinum 225.
Eupatorium corymbosum 226.
— macrophyllum 225.
Euphorbia glabrata 195.
— hypericifolia 195.
— Tithymaloides 194.

F.
Fagara Pterota. 156.
Falco cachinnans 95.
Felis catus 93.
Ficus indica 74.
Fistularia Chinensis 117.
Fucus divaricatus 262.
— loreus 262.
— natans 12. 261.
— ovalis 262.
— turbinatus 262.

G.
Galega caribaea S. 222.
Gardenia spinosa 171.
Gentiana aphylla 173.
Gesneria scabra 207.
Glycine bituminosa 221.
— tomentosa 220.
Gorgonia flabellum 146.
Gossypium religiosum 216.
Guajacum officinale 188.
Guilandina Bonducella 187.

H.
Hedysarum canescens 222.
Heliconia Bihai 32. 169. 292.
Heliotropium curassavicum 158.
— Gnaphaloides 158.
— indicum 157.
— parviflorum 158.
Helix Pupa 139.
Hermannia salvifolia 213.
Hibiscus esculentus 75.
Hibis-

Register.

Hibiscus spinifex S. 216.
Hillia parasitica 180.
Hippomane Mancinella 243.
Holcus Sorghum 71. 250.
Holothuria Physalis 125.
Hura Crepitans 76. 245.

I.
Jacquinia armillaris 167.
Jatropha gossypifolia 76. 240.
— Manihot 46. 71. 78. 241.
Illecebrum vermiculatum 170.
Iresine angustifolia 249.
— Celosioides 248.
Isis nobilis 13.
Justicia picta 148.

L.
Labrus Suillus 114.
Lacerta Geko 104.
— Iguana 104.
Lanius Collurio 96.
Lantana aculeata 211.
— involucrata 210.
Laplysia depilans 124.
Larus Persea 182.

— ridibundus S. 100.
Lepas Balanus 128.
Lobelia triquetra 229.
Lophius Histrio 107.
Loxia Cardinalis 103.
Lycopodium cernuum 261.
— flabellatum 261.

M.
Mactra Stultorum 129.
Madrepora Agaricites 142.
— calycularis 143.
— Caribaea 144.
— Cavernosa 143.
— labyrinthiformis 141.
— maeandrites 142.
— muricata 144.
Malva spicata 216.
Mammea americana 51. 205.
Marcgravia umbellata 202.
Melampodium australe 229.
Melastoma discolor 190.
— Grossularioides 190.
— hirto 190.
Melia Azedarach 189.
Melochia pyramidata 213.

X 2   Mille-

Register.

Millepora Alcicornis S. 145.
Mimosa fagifolia 252.
— Intsia 254.
— pernambucana 253.
— tortuosa 253.
— unguis 252.
Mollugo verticillata 154.
Momordica Balsamina 246.
— operculata 246.
Morisonia americana 217.
Motacilla Regulus 96.
Mullus Barbatus 116.
Muraena Helena 110.
Murex femorale 136.
— Hystrix 137.
— Pileare 136.
— Tritonis 137.
— Tulipa 137.
Musa paradisiaca 53. 249.
Mus Rattus 93.
Myginda latifolia 157.
Myrtus brasiliana 201.
— fragrans 201.
— glabrata 201.
Mytilus exustus 132.

N.

Nepeta Pectiniata 207.

Nerita Barthelemen- S. 140.
— exuvia 139.
Noctua Gossypii 67.

O.

Osmunda cervina 256.
Ostracion Bicaudalis 108.
Ostreae 13.
Oxalis repens 193.

P.

Palacutta 118.
Panax Rheediana 255.
Pancratium caribaeum 176.
Panicum italicum 152.
— sanguinale 152.
Parkinsonia aculeata 73. 184.
Parthenium hysterophorus 238.
Passiflora Coccinea 233.
— foetida 234.
— maliformis 55. 233.
— rubra 233.
— suberosa 234.
Patella Echinata 141.
— Graeca 141.
Pelecanus Aquilus 99.
Perca Holocentrus 115.

Perca

Register.

Perca maculosa S. 114.
Periploca Africana 172.
Pharus latifolius 239.
Physalis angulata 164.
Phytolacca decandra 193.
Piper decumanum 149.
— distachion 150.
— geniculatum 149.
— maculosum 150.
— quadrifolium 150.
Piscidia Erythrina 218.
Pisonia subcordata 254.
Plectronia ventosa 169.
Plumbago Ceylanica 159.
Plumeria alba 172.
— rubra 171.
Poa capillaris 153.
Poinciana pulcherrima 73. 187.
Polygonum romanum 155.
Polypodium arboreum 260.
— dichotomum 259.
— exaltatum 259.
— parasiticum 259.
— repens 257.
— Struthionis 258.
— suspensum 258.
— trifoliatum 258.
— villosum 260.

Portulaca pilosa S. 194.
— triangularis 194.
Pothos cordata 235.
Procellaria Pelagica 10. 98.
Psychotria asiatica 161.
Pteris Piloselloides
— vittata 257.

R.

Raja Narinari 105.
Rauwolfia nitida 170.
Recurvirostra Avocetta 102.
Rhamnus Iguaneus 168.
Ricinus communis 242.
Ruellia clandestina 211.

S.

Samyda serrulata 191.
Satyrium plantagineum 230.
Sauvagesia erecta 169.
Scaevola Lobelia 161.
Scomber Comes 302.
— Hippos 116.
— Trachurus 116.
Scoparia dulcis 155.
Scorpio Americanus 119.
Scyllae

Register.

Scyllaea Pelagicum S. 125.
Sepia Loligo 125.
— octopodia 125.
Sesuvium Portulacastrum 201.
Sida arguta 215.
— carpinifolia 214.
— glomerata 215.
— microsperma 215.
— rhombifolia 214.
— urens 215.
Solanum indicum 165.
— melongena 164.
— nigrum 166.
— racemosum 164.
Solidago altissima 227.
— rigida 227.
Spigelia Anthelmia 159.
Spilanthus acmella 224.
— pseudo - acmella 223.
Spinifex squarrosus 250.
Spondylus gaederopus 131.
Sterna Hirundo 101.
— minuta 101.
— socialis 101.
— Stolida 100.
Strombus Gigas 135.

Symplocos glabra S. 224.
— martinicensis 224.

T.

Tamarindus indica 55.
Tellina fragilis 129.
— radiata 128.
Tetrodon Lagocephalus 108.
— Lineatus 109.
Tillandsia recurvata 176.
Trachinus Draco 107.
Tribulus maximus 189.
Trichomanes chinense 260.
Tripsacum hermaphroditum 236.
Triumfetta semitriloba 193.
Trochilus Cristatus 96.
Turbo Muricatus 138.
— Pico 138.
Tussera almifolia 174.

U.

Urena americana 216.
Urtica ciliaris 237.
— diffusa 237.
— parietaria 237.
— pumila 236.
— trianthemoides 237.

V.

Register.

V.

Varronia bullata S. 167.
Venus Cancellata 130.
— marica 130.
— Paphia 130.
Verbena Jamaicensis 149.
Verbesina fruticosa 227.
Vespertilio 92.
Viola stipularis 230.
Vitis Indica 169.

Volkameria aculeata S. 212.
Voluta mercatoria 133.
— rustica 134.

W.

Waltheria americana 213.
Weinmannia glabra 180.

Z.

Zea Mays 71. 235.

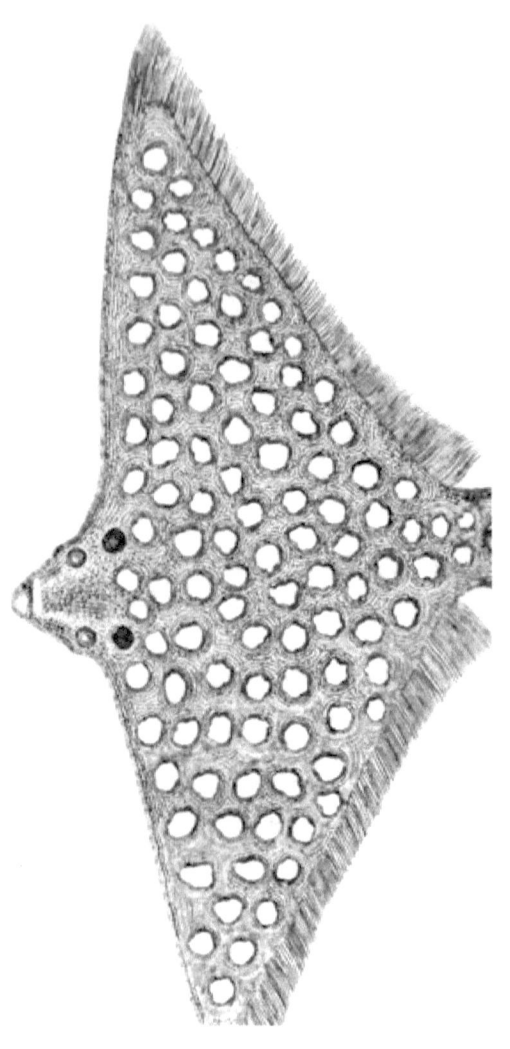

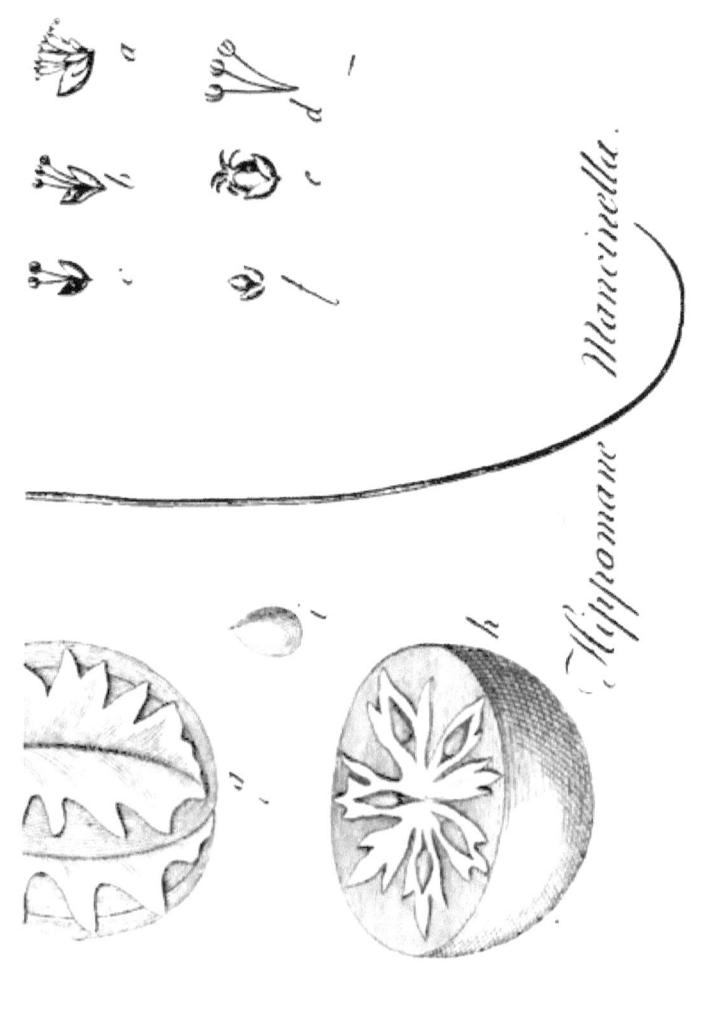

www.ingramcontent.com/pod-product-compliance
Lightning Source LLC
Chambersburg PA
CBHW021206230426
43667CB00006B/581